Maternity Leap Means....

「わたし」を生きる旅の歩き方

ママのためのリープデザインブック

マタニティリープ合同会社

小鳥編集室

AT FIRST

はじめに

　ママになるということ。その変化はとてつもなく大きく、実際にママになってみて驚いた人は多いのではないでしょうか？　そして、これから出産を迎える人にとっては未知の世界を前に、嬉しくも不安を抱えているかもしれません。身近にいる大切な人がこの時期を迎え、どう寄り添えばいいかと思いを巡らせている人もいるかもしれません。

　今の世の中、「マタニティブルー」「産後うつ」「マミートラック」「産後クライシス」のような言葉があふれています。妊娠・出産・子育ての期間、これまでと同じ自分ではいられなくなるような困難な現実に次々と直面し、カオスに陥ってしまうのは自然なこと。もちろん、その状況に気づくことはとても大切です。でも、この時特有のモヤモヤや混沌がもたらすのは、はたしてつらいことばかりなのでしょうか？

　「マタニティ Maternity」という言葉には「妊娠・出産」のほかに「母であること」や「母性」といった意味もあります。変化の激しい時期だからこそ、妊娠をきっかけに大きな成長へのヒントもあるのではないか？これまでの大変そうなイメージを払拭し、新しい自分を生み出すための合言葉に変えていけたら——。

そんな思いから生まれたのが「マタニティリープ Maternity Leap」という言葉です。これは、この本の著者のひとり、渡辺有貴（なべゆき）が英語の「Maternity Leave＝産休」をもじって作った造語です。「Maternity」に「飛躍」や「大きな跳躍」の意味をもつ「Leap」を組み合わせ、「妊娠や出産、子育ての困難や悩みは新たな自分を生み出すチャンスにできる」というメッセージを込めています。

苦しいときは「頑張れ」の励ましにも息がつまり、立ち止まることさえ許されないように感じてしまいます。ですが、私たちは、あえてお伝えしたいのです。

立ち止まって、迷ったり、悩んだりしてOK！

あなたが今、抱えているモヤモヤや混沌こそが成長へのヒントをくれ、これからの自分を生み出すのです。だからこそ今は、安心して悩んでほしいと思います。

なべゆき　みわにゃん　ちなつ　ひぐまり

もくじ

> 本書は、読み物と exercise（エクササイズ）のページで構成されています。
> あなたの興味や関心にあわせて気になるところからページを開いてみてくださいね。

はじめに………2

もくじ………4

エクササイズを楽しむコツ………6

1章　マタニティリープへようこそ………7

変化の時期を追い風に………8

私たちのストーリー〜執筆メンバーの紹介〜………12

新しい未来への扉を開こう………14

2章　旅のはじまり………15

現在地を確認しよう………16

exercise 時間・お金・エネルギー、どう使っている？………16

あなたの「今」を知る………21

3章　旅のコンパスを手に入れよう………27

リープにつながる3つの方位　マタニティリープ・コンパス………28

Column　マタニティリープ・ジャーニー………38

4章　旅の地図を手に入れよう………39

自分を見つめる地図………40

exercise リープデザイン Map を描こう！………42

地図にコンパスの針をあわせてみよう………44

exercise 自分の「本音」に耳をかたむけよう………44

exercise 私の「夢」を育もう………48

| exercise 望む「つながり」を描いてみよう………51
| Column 「セルフコンパッション」を旅のお供に………54

5章 あなたらしい旅へ………55

悩みをリープのたねにしよう………56
| exercise すっきり明日に向かいたいあなたへ………56
| exercise 今、一番大切にしたいことがわからないあなたへ………58
| exercise 仕方がないと自分に言い聞かせているあなたへ………63
| exercise なんだか私、疲れてると感じているあなたへ………66
Column 弱さは強さ………70

6章 マタニティリープ・ストーリー………71

それぞれのマタニティリープ・ストーリー………72
時間・お金・健康にまつわるマタニティリープ………78
選択肢と可能性を広げる………82
座談会「リープ」ってなんだろう？………83

7章 さあ、ここから再び旅に出よう………89

マタニティリープを日常に………90
| exercise ここまでを振り返ってみましょう………90
| exercise 日常でリープを叶える………94
座談会 私たちが夢見ていること………105

おわりに………108

新たな選択と可能性の合言葉　マタニティリープ………110

私たちのおすすめ………111

エクササイズを
楽しむコツ

1. 時間がなくても

隙間時間に、深く考えずササっとやるのもよし、じっくりと時間をとってやるもよし、そのときの気分で使い分けてみましょう。

2. 忘れた頃に戻ってきても

同じエクササイズを再びやってみると、ちがう結果になることも。繰り返しやってみると自分の変化も感じられます。

3. 何も思い浮かばなくても

問いの答えが思い浮かばないときは、読み飛ばしても大丈夫。そんな自分もいるなと思いつつ、次の問いへ進みましょう。

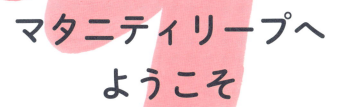

マタニティリープへ ようこそ

「私」を生きる旅への出発に向けて
準備をしていきましょう。
ここでは、あなたのマタニティリープの旅をより充実させるために、
大切な考え方をお伝えします。
さあ、始めましょう！

変化の時期を追い風に

　今こそ「新しい自分を発見する旅」に出かけましょう。大切な変化の時期、新しく立ち現れようとしている自分の声に意識的に耳をかたむけ、より自分らしく日々を過ごしてほしい。私たちはそう願っています。

今の「悩み」が未来の「たね」になる

　子育ては上手くいかないことの連続です。赤ちゃんがなぜ泣いているのか分からない、せっかく作った離乳食を全く食べてくれない。本当に「ママになってもままならない！」ことの連続です。本やSNSで調べても何が正解なのか分からない、というより、そもそも正解がないのが子育て。出口のない繰り返しの毎日で、終わりの見えない不安やモヤモヤを抱えることもあるかもしれません。

　人間は厳しい環境下で生き残るために、変化を避ける「現状維持バイアス」という心理傾向があるそうです。また、新しい変化が起こると、脳がそれを危険とみなし、ネガティブな感情によって体にアラートを出すといわれています。ですから、この変化の時期にモヤモヤや不安、葛藤が波のようにやってきても不思議はないのです。

　混沌の中で、悩みや不安を声にしていくと、本当はどんな自分、どんなママでありたいのか、どのように暮らし、働きたいのか、そういった本当の気持ちに気づくことができます。悩んでいること自体がこれからのあなたの成長のもと＝「たね」になっていくのです。一つひとつの気づきを大切にし、一歩ずつ新しい道を歩んでいけば、新しい自分や新しいステージにたどり着く日がやってきます。

　もう「理想の母親像」や「キャリアを積むにはこうあるべき」といった、ほかの誰かの考えにとらわれる必要はありません。マタニティリープの考え方では、今のあなたの中にある「本音」や「夢」を大切にし、そこから芽生えてくる「リープ＝飛躍」に焦点を当てていきます。本音や夢は一人ひとりちがうからこそ、リープの形も一人ひとりみんなちがうのです。

リープする自分をイメージしよう

　リープ＝飛躍というとチャレンジするとか、キャリアアップするとか、そんなイメージをもった方もいるかもしれません。私たちが提案するリープのイメージは、それとは少しちがっています。

　蝶をイメージしてみてください。卵から幼虫、幼虫からさなぎになった蝶は、さなぎの中で一度ドロドロに溶けてしまいます。数日から数週間続くこの状態を経て、それまでとは全く異なる特徴をもった成虫の蝶になって、羽ばたいていくのです。

私たちも同じです。妊活・妊娠・出産・子育て期の経験は、人生に大きな変化をもたらします。体はもちろんのこと、これまでの自分、仕事や家族、いろいろなものが一度その姿を失います。そして新しい形を生み出し、リープしていく。新しい自分へと大きく変化する、この特別な時期を私たちは「マタニティリープ期」と呼んでいます。

　もしかしたら、これまでの姿を失うことや未来が見えない中でリープすることに、恐れやためらいを感じるかもしれません。でも、その先には新しい自分へと羽ばたく奇跡が待っています。蝶の変化のプロセスはまさにマタニティリープのシンボルです。

マタニティリープは日々のスタンス

　「マタニティリープ」という言葉を味方につけましょう。すると、上手くいかない状態やネガティブな感情も新しい自分を生み出す過程の一部として OK が出せます。いよいよ自分の望んだ方向に人生の舵を切っていくチャンスの到来です。この時期の予定は未定、その混沌を逆手にとっていく考え方がマタニティリープの力強さです。

　そして、もうひとつ。マタニティリープの考え方では、日常の中での小さな気づきや成長の実感を大切にします。それはプチリープとも言えます。大きな目標のために今を犠牲にするのではなく、毎日の生活に自分らしさや充実感をブレンドしていけるのです。マタニティリープとは目標を達成し、成功するための方法というよりも、この時期を豊かに歩んでいくための日々のスタンスなのです。

マタニティリープは誰のもの？

　マタニティリープは女性だけに起こるとは限りません。赤ちゃんが生まれ、家族に新しいメンバーが加わると、家族の磁場が変わります。家族間のバランスや関係性が変わり、パートナー、赤ちゃんの祖父母や兄弟にあたる人々など家族全員が丸ごと影響を受けます。

　女性はこの期間、多様な役割をもち、そのバランスを取りながら日々を過ごすことになります。「娘」「妻」「嫁」「母」といった家庭内の役割だけでなく、仕事の場でも

それぞれの役割を果たし続けるのは容易なことではありません。家庭や職場での新しい立ち位置を見つけ出すのです。同じように、パートナーもまた変化の中で新しい役割や責任を受け入れ、自らを見つめなおす必要があります。また、「祖父」「祖母」「兄」「姉」「弟」「妹」となった家族も、喜びに満ちた関係性を育みながら、それぞれの成長や変化を経験します。

　そうした点で考えると、マタニティをきっかけに起こるリープはみんなのもの。ママだけでなく家族全員、さらには職場でも、ママと関わる誰もが経験するものと言えます。それぞれにとってのリープがある、だからこそ、マタニティリープのスタンスを日常に取り入れることで、自分や家族、職場での新しいあり方を見つけ出す、大きなチャンスにできるのです。

NICE TO MEET YOU

私たちのストーリー
〜執筆メンバーの紹介〜

　本書はマタニティリープの考え方に共感した4人のメンバーで執筆しています。私たちの共通点は、母であること。そして、コーチング*のコーチとしてたくさんのお母さんの悩みに耳をかたむけてきたこと。私たち4人のカラーを活かして、あなたの旅にお供できたらと思っています。

＊コーチングとは、コーチからの問いかけを通して自分自身と対話する時間であり、本来の自分の力を取り戻しながら、自らの人生を描き歩んでいくプロセスのこと。コーチングを提供する人をコーチと呼びます。

渡辺有貴（なべゆき）
マタニティリープ合同会社共同代表
13歳男子、9歳男子、5歳女子の母

三度の出産経験から「マタニティーリープ」のコンセプトをひらめき、多くの人々の希望になると直感する。サイトでの発信や講演をスタートさせ、ほかのメンバーと出会う。モットーは「一石三鳥」。いつもどんとそこにいて、誰よりも早く行動をしながらメンバーが追いつくのを待っている。あたたかくて頼れる存在。

中西実和（みわにゃん）
マタニティリープ合同会社共同代表
子育てを卒業した母　27歳男子をもつ

穏やかで芯があり、いつも明るくみんなを照らしてくれる。彼女の深みのある言葉には智慧と愛情があふれていてメンバーの心のオアシスとなってくれる存在。知的＆行動力抜群で素晴らしいバランス感覚をもつ。好奇心で道を拓いていく純真な探検家。

安木千夏（ちなつ）
マタニティリープ合同会社共同代表
13歳女子、11歳男子、8歳女子の母

海外での子育て経験からグローバルな視点をもち、お母さんを応援し励ますパワーは人一倍！デザイン的センスに長けていて、チームにクリエイティブな要素をもたらしてくれる。彼女のアイディアは、プロジェクトやワークショップを色鮮やかに彩ってくれている。

樋口麻里子（ひぐまり）
マタニティリープ・アンバサダー
6歳女子、2歳男子の母

静かなる力をもつチームのバランサー役。難しい局面でも明るく穏やかに物事を進めていけるひまわりのような存在。自身がマタニティリープの真っただ中にいる会社員でもあり、当事者の気持ちを共有して周りの人に力を与える。本書に人間らしい優しさを感じられたとしたら、それはひぐまり効果！

新しい未来への扉を開こう

　私たちの周りには、妊活・妊娠・出産・子育てに関する情報があふれています。そんな中で「この人のようになりたい」「この方法でやらねばならない」と思うこともあるでしょう。この本では、ほかの人の姿や世の中の理想を追い求めるのではなく、あなた自身が望む道を探求し、深めていくお手伝いをします。

　読み進める中で　あなたが本当に大切にしたいことに気づいたら、そこから具体的にどう成長や変化を楽しんでいくのか、一緒に探っていきましょう。迷いや葛藤に気がついたら、新しい自分を見つけるためのサインかもしれません。それを大切な「たね」として育み、自分に優しく歩んでいきましょう。

　いよいよ次章からマタニティリープの旅が始まります。

　この本が、あなたのマタニティリープ期の旅において、信頼できる地図やコンパスとなりますように。

旅のはじまり

旅の始めに必要なこと、
それは「現在地」を確認することです。
行きたい場所があっても、
自分が今どこに立っているかを知らなければ、
道順を決めることはできません。
本章ではあなたの「現在地」をとらえる
エクササイズをご紹介します。

現在地を確認しよう

　日々忙しく過ごす中で、自分の感情や状態を後回しにして、
その結果、自分のことが分からなくなってしまうことありませんか？
1日の終わりに「疲れた……」という言葉だけが口からこぼれ、
何に疲れているのか自分でもよく分からなかったり。

　ここではあなたが今、どのように毎日を過ごし、何を感じているのか、
何に満足していて、何に不満を感じているのか、
その一つひとつを整理していくためのエクササイズをご紹介します。

自分に「毎日お疲れさま」と声をかけてから、ふだん後回しにしている自分の気持ちにじっくり耳をかたむけてみてくださいね。

時間・お金・エネルギー、どう使っている？

　私たちは日々、自分の時間やお金、エネルギーといったリソースを、かなり無意識に振り分けているのではないでしょうか。さらに、妊活・妊娠・出産・子どもの成長過程によってもその配分は変化していきます。今回は、まずはあなたのリープにつながる3つのリソース「時間」「お金」「エネルギー」の現在を見ていきましょう。

それぞれのステップに入るとき、各リソースについて、ちょっと時間をとって、考えを巡らせてみてください。準備ができたら始めましょう。

exercise

Step 1 　時間

日々、あなたはどの活動にどれだけの時間を割いていますか?
例を参考に、現状を棒グラフにしてみましょう。
ざっくりとした配分で構いません。
本当はこうありたいという理想も、あわせて見える化してみましょう。

例 | 子ども 45% | 仕事 40% | 家事・その他 10% | 自分 5% |

例：子ども関連（妊活）、家事、仕事（ボランティアやコミュニティ活動でも）、自分、その他

現状

理想

exercise

Step2 お金

毎月、何にどれだけお金を使っているか、現状と理想をグラフにしてみましょう。
割合だけでなく、具体的な金額を書き込んでみるのも OK です。
夫婦でお財布を分けて管理している場合は、家計の総額をイメージして書いてみましょう。

例 | 子ども教育費 50% | その他 20% | 生活費 30% |

例：生活費、子ども関連（妊活なども含む）、家族の娯楽、夫や自分が自由に使うお金など

現状

理想

グラフ化することで、お金の流れや優先順位が明確になりますよ。

exercise

Step 3 エネルギー

自分に100%のエネルギータンクがあるとしたら、
あなたの毎日のエネルギーは、どの方向にどれだけ注がれていると思いますか?
現状と理想をグラフにしてみましょう。

例 | 子ども 60% | 仕事 20% | その他 10% | 自分 10% |

例:子ども、夫、自分、仕事(ボランティアやコミュニティ活動でも)、介護など

現状

理想

エネルギーを「自分の頭の中に占める割合」ととらえると考えやすいかも。

exercise

Step 4

エクササイズを通して、無意識だったものが見えるようになりました。
3つのリソースの現状と理想を比べてみて気づいたことはありますか？
満足感やがっかりな気持ち、体で感じたこともヒントになります。
思うままに書き出してみましょう。

memo

あなたの「今」を知る

　ここからは、私たちが専門とするコーチングを少しイメージして、進めていきます。コーチングでは、コーチが問いを投げかけ、それに答えることを通して、自分を深く理解したり、新たな気づきを得たりします。そして、どんなコーチングも今のあなたについて教えてもらうことから始まります。

　あなたはどんな人で、どんな気持ちや思いをもって、日々暮らしていますか？

　ここから、自分自身にスポットライトを当てていきましょう。次のページで、私たちが投げかける質問にYES/NO形式で答えていただきます。ここでは、正しいか間違っているかを気にする必要はありません。ただ、あなたの直感に従ってお答えいただければ大丈夫です。最後にあなたへ、私たちからのメッセージを贈ります。

　さあ、リラックスして一歩一歩進んでいきましょう。

質問がピンとこなかったり、よく分からなくても大丈夫。そのときは、「D」のメッセージを読んでみてくださいね。

あなたの「今」がわかる YES・NOチャート

START

家族と一緒に過ごす時間を一番大事にしている（したい）

TIME

EDUCATION

子どもの教育や活動に積極的に関わっている（関わりたい）

ACTIVITY

CAREER

仕事やキャリアはあきらめない（あきらめたくない）

YES ──→
NO ──→

YES OR NO

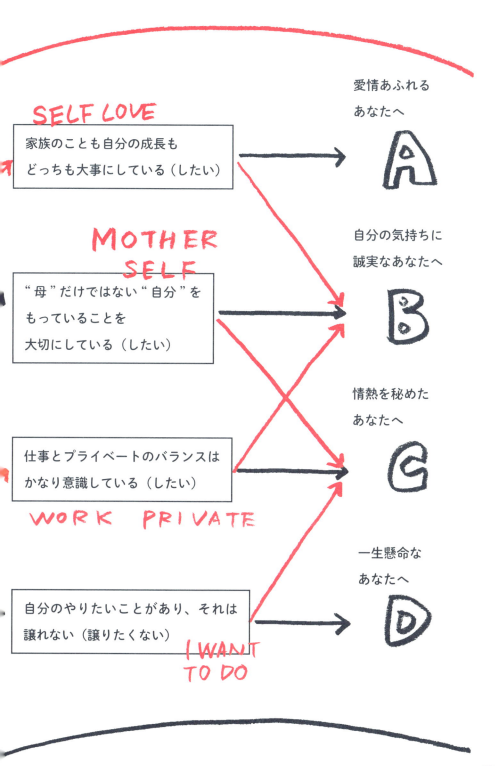

私たちからのメッセージ

愛情あふれるあなたへ

　何よりも子どもや家族のために毎日一生懸命なあなたは本当にすごいです。きっと自分のことを横においても、子どもや家族のことを優先して、時間やエネルギー、愛情を注いでいるのだと思います。もしかしたらそのことを理解されなかったり、心配のあまりに不安になったり悩んだりすることもあるかもしれません。

　でもそれは、そのぐらい子どもや家族に思いをもっている証。そんなふうに頑張っている自分を誇りに思ってください。もしかしたら自分の健康などを後回しにしてしまったり、セルフケアに意識を向けたりすることに罪悪感はありませんか？　この後のエクササイズでは子どもや家族を大事にしつつも、自分をいたわって大切にしていくエクササイズもあります。あなたはかけがえのない大切な人です。あなた自身と子どもや家族の両方を尊重していけるはず。ここから始めていきましょう。

B　自分の気持ちに誠実なあなたへ

　子育て、家庭、仕事や自分自身のこと、全部大事と思うことは、あなたが自分に正直に誠実に向き合おうとすればこそだと思います。優先順位をつけ、どれもうまく回るよう調整するのは至難のわざです。ときに燃え尽きたり、期待通りにいかなくてがっかりしたり、いつまで続くのかと明けない夜のような感覚をもったりすることもあるかもしれません。全てはあなたの懸命な気持ちの表れです。まずは自分をあたたかい気持ちで受けとめてみましょう。もしかしたら、コントロールしようとする意識を手放すことが役に立つかもしれません。力が入りすぎて袋小路に入ったように感じたときは、ゆったりと呼吸をして「大丈夫」とつぶやいてみましょう。あなたは大丈夫。そしてあなたが大事に思っていることもきっと大丈夫です。これから始まるエクササイズにはそんな自分をほっと受けとめられるものもあれば、クリアに物事を選択していけるものもあります。ここから一緒に進めていきましょう。

From Maternity Leap

C　情熱を秘めたあなたへ

　母親の役割を強く求められる世の中、妊活や子育てをしながら自分自身の仕事やキャリアを維持したり、意思を貫いたりするのは並大抵なことではありません。あなたの頑張りや忍耐、効果や効率を考えてやりくりするひたむきな姿勢が、今の生活を可能にしているのだと思います。あなたにお伝えしたいのは、子どもや家族、職場の同僚など、たくさんの人が関わり合う中で、自分のしたいことをあきらめず、予定を調整し、実行していくことそのものが、とんでもない偉業だということです。

　長時間の仕事やストレスで疲労もあるかと思います。少しだけ仕事から離れて、意図的に家族やセルフケアの時間をとることでより力を得られるかもしれません。その時間を捻出することをどうかあきらめないでください。この本には自分の希望や夢を日常に取り入れて、変化を起こすヒントがたくさんつまっています。

D　一生懸命なあなたへ

　もしかしたら、質問のどれも当てはまらないし、自分がどう感じているのかもよく分からないのかもしれません。自分はダメだと思ったり、ネガティブな気持ちになって落ち込んでしまったりしていませんか？　日々のことで精一杯で不安で、そんな自分を責めてしまうこともあるかもしれません。そのままの状態で深呼吸をしてみましょう。その思いや気持ちも決して間違っているわけではありません。自分で自分を責めてひとりになってしまうことほど、つらいことはありません。私たちは、そんなあなたやあなたの今を大切にしてほしいと思っています。この本にはあなたの今を尊重して大切にするコラムやエクササイズがたくさん集まっています。あなたにお伝えしたいのは「安心して悩んでいい」ということです。悩んでいるあなただからこそ、この本をそばに置いてほしいと思います。呼吸をして、準備ができたら、あなたのタイミングやペースで始めていきましょう。

メッセージを読んでみて、どのようなことを感じましたか？
　あなたに届く言葉もあれば、少し違和感のある言葉もあったかもしれません。そのときは、あなたがたどりついたメッセージ以外のメッセージも目を通してみてください。新たな気づきがそこにあるかもしれません。

　この章を通じて、今のあなたについて感じたことや気づき、覚えておきたいことがあればメモを残してみましょう。次の章からはいよいよマタニティリープの旅が始まります。きっと今の気持ちや気づきが出発点を振り返る助けになりますよ。

memo

旅のコンパスを手に入れよう

人生は、未知の場所への冒険に似ています。
迷いや困難の連続の中で、
手助けとなるのがコンパスです。
本章では心の中の答えを見つけ、リープへと導く
マタニティリープ・コンパスについてお話しします。

リープにつながる3つの方位
マタニティリープ・コンパス

　「マタニティリープ」という言葉を周りに伝え始めたところ、「それ、分かる！」「そう思えたらいいな」という共感の声が集まりました。なべゆきの個人的な経験と着想から生まれたこの言葉には、妊娠中や子育て期特有の混沌がもたらす悩みや絶望を、希望に変えていくエッセンスがあるように思われました。

　ママたちを集めた対話の会では、今の自分について思っていることや悩みを語り合う中で自分を取り戻し、飛躍するたくさんのママたちの姿を目の当たりにしました。そこで見えてきたのは、その人の「本音」「つながり」「夢」を見つめなおすことが、リープを後押しするということです。

　この3つを意識することによって、どのようにリープが起きるのでしょう？　あなたをマタニティリープの旅へと導くコンパスともいえる3つの方位である、「本音」「つながり」「夢」とともに詳しくご紹介していきます。

本音、言えていますか？

　私たちが最初に大事にしていること、それは、本音を語るということです。

　妊活・妊娠・出産・子育ての過程で、これまで当たり前にできていたことができなくなったり、予想のつかないことが起きたりして、気持ちが揺れ動くのは自然なこと。あなたはそんなとき、自分の気持ちを我慢したり、無いものにしたりしてはいませんか？ そのときに感じた気持ちや考えを自分ひとりの心や頭に置いておくと、どうなるでしょうか。「どうして上手くいかないの？」「私はダメなお母さんなのだろうか？」「なんで私ばっかり」と自分に問いかけ、まるで沼にはまったように身動きが取れない状態になっていきます。

　実は本音は自分自身で気づきにくいものでもあります。子どもや家族、周りの人を幸せにしようと頑張るお母さんはつい自分の優先順位が下がってしまい、自分の本音は傍らに置いてしまいがちなのです。だからこそ、まずは自分にスポットライトを当てて、自分の本音に気づくことからこのマタニティリープの旅は始まります。

ただ言葉にするだけでいい

　そんなときに役立つのが「自分の中にあるものを外に出していく」ことです。頭の中でぐるぐるしていることを日記に書いたり、疲れたときに「はぁぁ」とため息をついてみたりします。言葉にすると「ああ、自分は本当はこういう気持ちだったんだ」とか、「これが気になっていたんだ」と改めて気づくこともあります。問題だと思っていたことやあきらめていたことが、思ったほど大変じゃないように感じ、制御不能な気持ちがおさまっていくということもあります。

　さらに、もし誰か信頼できる人がいたらその人に話してみるのもいいでしょう。話を聞いてもらって、ただ受けとめてもらう。言葉にしているうちに、どんどん本音が出てくることがあります。そして、本音を出し切ったら、楽になって、自然と力が戻ってくるのを感じるはずです。ただ言葉にするだけでいい、それが強さにもなるのです。

本音にはリープの「たね」が隠れている

　とはいうものの、本音を言ったらどう思われるだろう、そんなことが頭をめぐるかもしれません。でも実は、本音にこそ、飛躍の「たね」が隠れているのです。

　そんなときこそ、自分に聞いてみてください。「今の自分は何に苦しさを感じているのだろう？」「本当は何を欲し、何を願っているのだろう？」「自分ってどんな人なのだろう？」このように問いかけていくことで、自分が何を大事にしたいのか、どうしたいのか、という具体的な飛躍の入り口に立つことになります。その答えを書いてみたり、人に話してみたりするとリープが形になっていきます。

つながりを探してみよう

　最近「ワンオペ」という言葉を日常的に耳にするようになりました。核家族化や共働き世帯が増え、地域との関わりが減っている中で、妊娠・出産・育児の期間は特に孤独になりやすい時期になりました。家に一日中いて今日は誰とも話さなかったという経験はありませんか？　子育ての途中で誰かに助けを求めたいと感じることは決して弱さではありません。ひとりで何でもできるスーパーママになる必要はないのです。

　子育てはひとりでしなくていい。それを多くのママに伝えたいと思います。人に迷惑をかけない、何かしてもらったらすぐに返さなければならない。気軽に「手伝って、助けて」とヘルプサインは出せないと思い込んでいませんか？　誰かに助けを求めること。これはひとりで完璧にこなし、人に頼らず自立していることを大事にしてきた人にとっては、思いの外難しいことかもしれませんね。

　ちょっと思い浮かべてみましょう。身近な誰かが困っているとします。やっとのことで抱えている困難をあなたに打ち明けました。あなたはどう感じますか？　そう聞いてみると、多くのママは「声にしてくれてありがとう」と答えてくれるでしょう。そのときの状況で、助けになれる、なれないがあるとしても、ただ頼ってくれたことに嬉しさを感じるのではないでしょうか。

また、助けてもらったことを返すのにはタイミングがあります。それは数年後かもしれないし、返す相手はちがう人かもしれません。それでいいんだよと相手にも自分にも OK を出すことができたら、もっと楽に呼吸をして日々を過ごせるのではないでしょうか。

　さらにいうと、弱音をはいたり、助けを求めたりする本音の会話が、つながりを作るきっかけになるかもしれません。いつも通りの表面的な話の内容からぐっと深く入って話をすると、人はつながりや結束を感じます。抱えている悩みは違っていても、一緒に乗り越えようという同志になる瞬間です。

　これを読みながら誰かの顔が思い浮かんだ人もいるかもしれません。たとえば、相談員さんのいる遊び場や、オンラインママサロン、しばらく連絡をとっていなかった知り合いなどです。誰かの顔が浮かんでいなくても心配はありません。あなたの本当の声を聞きたい人、力になりたい人はちゃんといます。まだ出会っていないだけ、気づいていないだけなのです。あなたの方から会いにいくこともできます。

安心できるつながり

　ひとことで「つながり」といってもさまざまですが、マタニティリープ期は、社会とのつながり、人とのつながり、自分自身とのつながりに変化が起きやすい時期です。その変化によって不安やモヤモヤする気持ちが起きるのも当然です。

　育休で毎日家にいて終日誰とも話していない、取り残されたようで不安に感じるといった社会とのつながりの断絶。友人と話題や時間が合わず疎遠になったり、妊活をしている友人と気楽に話せず人とのつながりが途切れてしまったり。上手くいかない子育てに自己嫌悪になり、気がついたら「XXちゃんのママ」と呼ばれ、以前の私はどこにいったのだろう、これからどうしたらいいのだろうと自分自身とのつながりが切れてしまったり。

　このような時期、何を大事にするといいのでしょうか？

　安心して話したり、助けを求められる相手と定期的に交流したりしていくこと。そういったつながりによって、自分自身と他者との関わり方や自分の生き方、大事にしたいことの再発見が可能になります。そして、大きな問題や不安、孤独を乗り越えていくリープの力強い支えとなります。

　それは、日常のちょっとした助けや愚痴が言える仲間、頻繁には会えないけれど安心して本音を言える友人や家族、心から尊敬する先輩や親族かもしれません。

　私たちは「ママのためのオンライン対話会」や「ワークショップ」、「マタニティリープインタビュー」を行ってきた過程で、「利害関係がない」＆「定期的な交流」というつながりも効果的であることが分かってきました。

　今、不安やモヤモヤがあるなら、それは新たなつながりを育むチャンスです。大きく深呼吸してみましょう。あなたを待っている人がいます！

最近、誰かに夢を語りましたか？

　毎日の仕事、家事、子育てに忙しく過ごしていると、気づけば一日が過ぎてしまいます。夢を語る暇すらないのが現実です。そして、夢を後回しにしていると、それは次第に遠くなり、その存在すら忘れ去られてしまいます。夢を語ることは、まるで乾いた土深くに眠る「たね」に水をあげるようなもの。夢を見て、たくさん語れば、そのたねは芽を出し、成長して、やがて大きな木となります。

　さらに、夢とは、必ずしも大きなものである必要はありません。日常の中で「もっと自分の時間をもちたい」「美容院に行きたい」というような小さな希望も立派な夢です。大切なのは、小さな夢であっても大切にし、語ること。できる・できないは関係なく、心の中の「こんなことがしたい」「ああなったらいいな」という希望を見つけ出すことです。

　忙しさや疲れによって、その感覚を忘れることもあるかもしれません。しかし、ちょっと立ち止まってみてください。日常の中で、ささやかながら「こうだったらいいな」

と感じることが夢の始まりです。もしかしたら「時間がない」「お金がない」「子どもが小さい」といった夢の実現をはばむ制約の声が頭の中に浮かんでくるかもしれません。こうした制限を理由に、その夢を語らないのは、自分自身に「足カセ」をつけてしまっているようなもの。夢を形にするためには、まずその「足カセ」を外し、夢を自由に語ることが必要です。たとえば、「あぁ、疲れた。ゆっくり眠りたい」、「忙しくて目が回りそう。自分だけの時間がほしい」といったようにです。

あなたの夢をはばむもの

「母としての罪悪感」はお母さんたちの典型的な感情で、夢をはばむ「足カセ」となります。多くのお母さんは時間・お金・エネルギーを自分のために使うことに罪悪感を覚えるようです。英語でも、ママの罪悪感を意味する「マミーギルト（Mommy Guilt）」と呼ばれる言葉があります。この感情は世界共通です。そして、自分は「母親として十分ではない」と感じることから生じることが多く、母としての自分に対して高い期待をもっていることからも起きます。次のように感じることはありませんか？

■仕事と家庭のバランスの狭間で
「子どもを保育園に長い時間預けて仕事するなんて、子どもに申し訳ない」「子どもがまた熱を出して、仕事に行けず、いつもカバーしてもらう同僚に申し訳ない」

■自分の時間を取ることについて
「自分のための時間（例：趣味、リラックス、運動）を取るぐらいだったら、もっと子どもと遊んであげないと」「まだ全然片づいていないから、それが終わらないとドラマなんか見ちゃだめ！」

■子どもの食事や教育
「出費は子どもが優先」「子どもの受験があるから、今年1年は我慢しないと」

■完璧な母親を目指すプレッシャー
SNSを見て、「あの人はあんなに子どものために尽くしているし、素敵な時間を過ごしてる」「私はあの人に比べると何もできていない。ほかの人はもっと上手くお母さんをやっているんだ」

■過去の選択や行動
「私が離婚したせいで、子どもに肩身の狭い思いをさせている」「私が仕事を変えたことで、家族や子どもに迷惑をかけている」

　また、SNS投稿などで、産後の女性に対して出産や育児のあり方について批判したり、体型の変化などを理由に恥をかかせたりする「マミー・シェイミング」という言葉もあります。あらゆる面でママたちは他人の評価にさらされていることがわかります。ですから、社会やほかの人々からのプレッシャーを感じるのも当然です。こういった思いを抱え、自分自身を過度に厳しく責めてしまいます。

　しかし、こうした「母としての罪悪感」が誰にでもある傾向だと知っていると、夢を語りやすくなりませんか。そして、夢を語ることで、家族やパートナーがその希望に応えてくれるかもしれません。ある夫婦では、月に一度、互いに日常の家事や育児から一切解放される日を設けています。その日は片方が全てを担当し、もう片方は好きなことを自由に楽しむ時間をもてるのです。たとえ1日だけでも、自分の夢や希望を追求できる日があるって、素敵だと思いませんか？

マタニティリープ・ジャーニー

　妊娠、出産は人生において大きな変化となります。これは単なる身体的な変化にとどまらず、心理的、社会的な変容をもたらす重要な時期です。私たちは、この特別な期間の歩みを「マタニティリープ・ジャーニー」と呼んで、その中で生じるさまざまな感情や経験を通じて、新たな自己発見と成長のチャンスととらえることをおすすめしています。

　このジャーニーの過程では周囲とのつながりが変化し、孤独を感じる瞬間が多くなります。たとえば、妊娠初期は流産の可能性があるため、なかなか妊娠の事実や本音を言葉にすることが難しいですし、出産してから２、３ヶ月経つと、赤ちゃんにしか話しかけていない日々が続いて孤立感があるということはよく耳にします。しかし、この時期は孤独を感じやすいと知っていることで、自分だけが抱える特別な問題ではないことがわかります。

　このマタニティリープ・ジャーニーは、単なる孤独や困難の旅では終わりません。孤独を感じることは新たなつながりを発見し、深める機会でもあります。自分が感じる孤独に気づくことができたら、旅のコンパスを取り出してみましょう。本音・つながり・夢という３つのリープの方位があなたにヒントをくれるはずです。

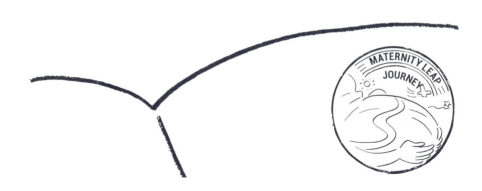

旅の地図を手に入れよう

旅に出るとき、コンパスとともに欠かせないのが地図です。
この章では、マタニティリープ期を俯瞰的に見渡せる
世界地図を手に入れていきます。
地図を広げ、コンパスの指す方向へ歩みを進めることで、
あなたの中に眠っているリープの「たね」に
出会うことができるはず。さあ、出かけましょう！

自分を見つめる地図

　ここで、あなたの悩みやテーマを明らかにし、飛躍につながるエリアを見つけるためのツール「リープデザイン Map」をご紹介します。これは、あなたの今を客観的にとらえる世界地図のようなもの。大いに活用して未来の可能性や選択肢をぐぐっと広げていきましょう。

リープデザイン Map とは？

　マタニティリープ期のあなたの現状を8つのエリアごとに俯瞰的にとらえるツールです。エリアごとに点数をつけ、現状と理想の満足度を見ていきます。直感的に点数を記入して線を引くだけで、あなたの人生のスナップショットが手に入ります。

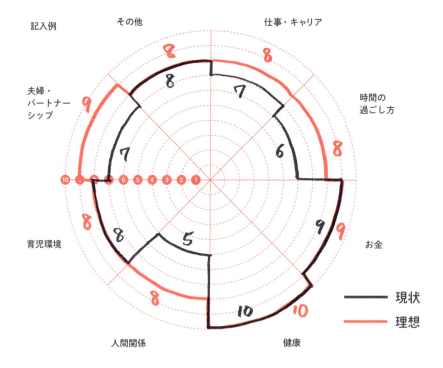

＊参考：『コーチング・バイブル第4版』（東洋経済新報社）「人生の輪」

リープデザイン Map の
8つのエリア

1	仕事・キャリア	仕事＝社会活動と幅広くとらえ、満足度を考えます。お金を得られるかどうかは問題ではなく、自分にとっての仕事で構いません。自身の復職や副業、キャリアパス、職場の柔軟性や理解度も参考にしましょう。
2	時間の過ごし方	日々の時間のバランス、日常生活のリズムやスケジュールの管理など、時間の使い方に対する満足度をとらえます。2章のエクササイズで書き出した「時間」の棒グラフも参考にしましょう。
3	お金	経済的安定性、将来の不安、家計管理の満足度をとらえます。不妊治療や子どもの教育、レジャー予算の配分も考慮します。2章のエクササイズで書き出した「お金」の棒グラフも参考にしましょう。
4	健康	自分の体調や精神的な健康、子どもの健康や発達に関するエリアです。具体的には食生活や運動、睡眠、ストレス、治療を受けること、健康診断なども含めて考えてみましょう。
5	人間関係	社会的な関係性、たとえば保育園や学校とのつながり、両親兄弟や親戚、友人（ママ友）との関係・会う頻度の満足度を考えます。助けとなるネットワークの有無、それを活用できているかどうかも含みます。
6	育児環境	自宅の設備や育児のために頻繁に訪れる場所の有無など、育児環境の満足度をとらえます。通勤距離やサポートしてくれる親や施設との距離、育児用品の利便性なども考える参考になります。
7	夫婦・パートナーシップ	コミュニケーションの質や家事・育児の役割分担、価値観や期待への一致など、相手との関係性の満足度を考えます。また、仕事やキャリアに対する相手の理解度やサポート関係なども考えてみるといいでしょう。
8	その他	自分がほかに重要と感じることがあればエリアに加えましょう。家族構成や未来のビジョン、妊活、子どもに対する関わり方、教育方針、すでに生まれている子どもとの関係などがあるかもしれません。

exercise

リープデザイン Map を描こう！

Step 1

40ページの例にならって、下の Map に 41 ページの 8 つのエリアに対する現状の満足度を 10 点満点で書き込み、線を引いてみましょう。深く考えず、直感で大丈夫です。

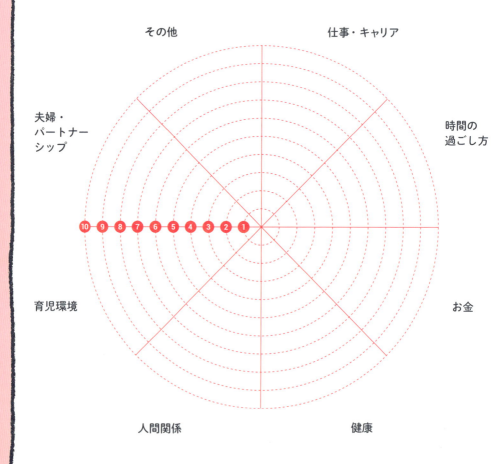

あなたのリープのイメージをふくらませていきましょう。
このリープデザイン Map を使って、現状から本音、そして夢を探求していきます。

exercise

Step 2

さあ、完成したリープデザイン Map を眺めてみましょう。
満足度の低いエリア、高いエリア、全体を俯瞰してみてどう感じますか？
気づいたことをメモしておきましょう。

> memo
> _____
> _____
> _____
> _____

Step 3

今すでに満足していることにも意識を向けてみましょう。
現在の満足度が 0 でなかったとしたら、何に満足しているのでしょうか？
すでに「ある」と感じていることは何でしょうか？
気づいたことをメモしておきましょう。

> memo
> _____
> _____
> _____
> _____

実際に描いてみて、どんな気づきがありましたか？
この気づきにはどんな本音や夢が隠れているのでしょう？
このリープデザイン Map を使って、さらに歩みを進めましょう。

地図にコンパスの針を
あわせてみよう

　リープデザインMapで、今の自分がつかめてきたら、3章でご紹介した「マタニティーリープ・コンパス」の3つの方位である「本音」「つながり」「夢」と照らしあわせ、それぞれを探っていきましょう。ここからは、本音の中に眠っている「リープのたね」に会いにいきます。

自分の「本音」に耳をかたむけよう

　忙しい毎日、目の前のことに追われていると、今の生活、暮らしの中にある本音は後回しになってしまいがちです。

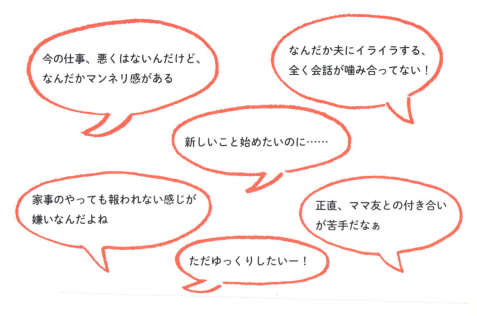

　こういった自分の本音を聞いてあげることがリープにつながります。早速リープデザインMapを使って、あなたの本音を見つめなおしていきましょう。

exercise

Step 1

42ページで描いたリープデザインMapの8つのエリア、
一つひとつを眺めてみてください。
ここでは、ゆっくりと、丁寧に、それぞれのエリアについてどう感じているのか、
心に聞いてみましょう。

「こんなふうに思ってはダメ」という感情は一旦脇におきましょう。
「嫌い」「苦手」などの負の感情も思い切って書き出してみて。

仕事・キャリア
memo

時間の過ごし方
memo

exercise

お金
memo

健康
memo

人間関係
memo

育児環境
memo

exercise

夫婦・パートナーシップ
memo

その他
memo

Step2

本音を出してみて、今どんなことを感じていますか？
何か気づいたことはありますか？
言葉にしておきたいことがあれば残しておきましょう。

memo

いかがでしたか？
少し時間をとって意識を向けてみて、
「本音」に近づけたと感じられたら、次に進みましょう。

私の「夢」を育もう

夢を形にするエネルギーはすでにあなたの中にあります。日々追われがちな、たくさんの「しなくてはいけないこと」を一旦脇において、「将来の自分はどうありたいか」という広い視野で夢を描いていきましょう。

楽しくイメージしてみて！ 前に進みたくなるエネルギーや力が湧いてくるよ！

exercise

Step 1

42ページのリープデザイン Map の各エリアに、理想の満足度の点数を現状とは異なる色の線で書き足してみましょう。「こうなっていたら嬉しい」「何でも可能だったら？」というところから、できる・できないは関係なく書いてみてくださいね。

exercise

Step 2

Step1 で描いたものを眺めてみます。
気になるな、ここが変わったら嬉しいというエリアを1つか2つ選びます。
それが現実になったらどうでしょう？ 自分は？ 日常は？ 周りの人たちは？
どんな気持ちになっているか、理想の状態をありありと体で感じてみましょう。
感じたことや気がついたことをメモしてみましょう。

> memo
>
> _____
> _____
> _____
> _____
> _____
> _____

Step 3

Step2 で描いた理想の状態をさらに意識しやすくするために、
あなたなりの表現方法で次のページにアウトプットしてみましょう。

- 理想の状態を絵や図で表現したら？
- あなたの夢や希望にタイトルを付けるとしたら？
- あなたの夢にテーマソングがあるとしたらどんなメロディ？ すでにあるお気に入りの曲でも OK！

描いたものを部屋に貼ったり、
家事をしながら曲を口ずさんでみたりしてもいいですね。
夢を思い出して、一歩踏み出したり、背中を押してくれたりする仕組み*になります。

自分の中にある夢に気づいて書き出すことで、あなたの中にリープのたねが
芽吹き始めています。思い出すことが栄養になるので、
時々は夢を声に出したり、触れてみたりしてくださいね。

*「仕組み」というのはコーチングではよく活用する方法です。ルーティーンやきっかけを作っておくことで
思い出したり、取り組んだりすることが容易になります。

望む「つながり」を描いてみよう

あなたは「本音」と「夢」を書き出してみることで、ありのままの自分の心の声を聞き、自分自身との「つながり」を深めてきました。ここからは自分以外の他人や社会とのつながりを見ていきます。毎日接するパートナーから年賀状だけでつながっているあの人まで、人とのつながりはさまざま。今あなたが欲しているのはどんなつながりで、どう育んでいきたいのか、エクササイズを通して見出していきましょう。

exercise

Step 1

あなたがエネルギーをもらえると感じる人・場・コミュニティを書き出してみましょう。
たとえば、子育て支援の相談員さん、オンラインママサロン、趣味や学びのサークル、職場など。そこで何を得て、何を感じるのでしょう？
今後、出会いたいという希望でも構いません。

memo

exercise

Step 2

あなたが自分の人生の物語の脚本家だとしたら、
もっと登場してもらいたい人物は誰ですか？　一緒に泣き笑いするママ友？
パッションを共有する仕事の相棒？　趣味仲間？
今すでにいる登場人物との関わりにどんな変化を望みますか？

memo

Step 3

ここで目線を変えて、もう少し距離を置きたい人やグループを思い浮かべてみましょう。
何があなたにそう思わせるのでしょう？
その人たちとのちょうどいい距離とは、どんな距離感でしょうか？

memo

exercise

Step 4

Step1 〜 Step3 のメモを少し時間をとって俯瞰してみましょう。
今の自分が望むつながりとはどんなものなのでしょう?
そのつながりを今よりも深めるために、どんな一歩があるでしょうか?
その一歩が踏み出せた状態を想像してみましょう。

memo

目を閉じて、全身でありありと想像をふくらませてみましょう。そして何回か呼吸をしながら、その状態を味わってみましょう。

「セルフコンパッション」を旅のお供に

　困難に出会ったとき、上手く対処できない自分を責めてしまうことはありませんか？ 私たちは、苦しんでいる友人や家族がいたら、思いやりのある態度で接することが大事だと知っています。子どもが転んで泣いてしまったら、あなたは当たり前のように優しく抱きしめて「大丈夫だよ」と言うでしょう。しかし、いざ自分のこととなるとどうでしょう？　セルフコンパッションとは、優しさを自分自身にも向け、慈しむ心をもつこと。それは、人生を穏やかに楽しく、健やかに過ごしていくために、とても大事なスタンスです。

　「もっといい母親でいなくては」「もっときちんと家事をこなさなければ」という心の声が聞こえたら、一息ついて、自分自身に「よく頑張っているよ」と伝えてみてください。つらい、自分はダメだ、寂しいと感じていたとしたら、その気持ちをありのままに受けとめて、優しく抱きしめてみてください。このように感じているのはあなたひとりではないことを思い出してください。

自分へ向ける優しさが最も力になる

　セルフコンパッションは、ただの心の癒しにとどまりません。ストレスや自己否定から立ちなおる力（レジリエンス）を育てます。それは、ポジティブな変化「リープ」への第一歩です。マタニティリープ期に起きる不安や疑問、混沌を乗り越える力が、セルフコンパッションには宿っているのです。セルフコンパッションが深まるにつれ、毎日の生活が少しずつ変わっていくのを感じられるはずです。そうして自分を慈しむあたたかな光が、あなたの日々を明るく照らし、あなたを取り巻く家族にも確実に届いていくことでしょう。

　あなたが自分に与える優しさこそ、最も力になることを忘れないでください。あなたはその優しさを受け取るに値する人なのですから。

あなたらしい
旅へ

ここからはあなたの旅を
もっと、あなたらしいものにしていきましょう。
自分の意識が変わると、これまで見えてこなかったものが
目に飛び込んでくるはず。
自分自身と丁寧に向き合うことで、
新しい自分に出会えるかもしれません。
楽しみながら歩みを進めていきましょう。

悩みをリープのたねにしよう

　マタニティリープ期特有の自分の内にある声や思いに耳をかたむけ、可視化させるため4つのエクササイズを用意しました。取り組むことで、今ある悩みがリープのたねになるはず。今の自分の気持ちと照らし合わせて、気になったキーワードからトライしてみてください。

すっきり明日に向かいたいあなたへ

　私たちは日々いろいろな感情を味わいます。しかし、その感情に意識を向ける暇もないまま、1日が終わることも少なくないのではないでしょうか。「なんかモヤモヤする……」という感覚が残ったまま眠りにつき、翌朝もそのままです。

　感情の奥には必ず自分の思いや願いがあります。だからこそ、気持ちが揺れ動くのです。エササイズを通し、今、自分の中にある感情に耳をかたむけ、受け入れるとともに、その感情が教えてくれるメッセージをとらえていきます。

このエクササイズは嬉しいときや、気持ちが満たされたときに取り組んでも、とっても役立ちます。ぜひお試しあれ！

exercise

Step 1

目を閉じて、今日起きたことを振り返ってみましょう。
どんな出来事があり、どんな気持ちになりましたか？
悲しいことやため息が出ることがあったなら、何が原因だったのでしょう？
何かをないがしろにされた、あるいは、足りなかった何かのためにそう感じたのでしょうか？
自分の内側に耳をかたむけてみましょう。

Step 2

Step1 で心に残った出来事と、そのときの気持ちを書き出してみましょう。
正しい・間違っているなどの評価は手放して、思いのままに言葉にしてみましょう。

memo

Step 3

Step2 で感じた心の声に耳をかたむけてみましょう。
感情が動くのは、何かが心にふれた証です。あなたの願いは何でしょうか？
気づいたことを次のページに書き出してみましょう。

> 私、もっと夫と話す時間がほしかったんだな……

> ちょっとでもいいから、私は前に進む達成感を味わいたいんだ

> 私にとって体を動かすことは大事なことみたい

今、一番大切にしたいことが
わからないあなたへ

　母となることで、無意識のうちに価値観が変わることがあります。「これまでの私」にとって大切だったものが、「今の私」にとっても大切とは限りません。その変化に気づかず、前の状態を取り戻そうとすると焦りや苦しさが生まれます。

　自分の変化に気づき、「今の私」「これからの私」にとって大切なことに目を向けるため、あなたの価値観をクローゼットの服にたとえてみましょう。

exercise

Step 1

まずは、「これまでの私」が大切にしてきたことを明らかにしていきます。
あなたは今、ウォークイン・クローゼットの前に立っています。
中には妊娠前、身ひとつだった頃に着ていた服が並んでいます。
ゆっくり中に入り、それらの服を着ていた頃の自分を思い出してください。
その頃、大切にしていたことは何ですか？ 62ページの「キーワードのクローゼット」も
参考にしながら自由に書き出してみましょう。
イメージする言葉がすぐに浮かぶ場合は、アイテム欄は空欄でも構いません。

たとえばスーツを見て、仕事での「達成感」や「向上心」を大切にしていたな、と感じたら、下の例のように記入します。

アイテム（ITEMS）	イメージする言葉（WORDS）
例：仕事でよく着たスーツ	達成感　向上心　誠実さ

exercise

Step 2

Step1 で記入した「これまでの私」を表す言葉を眺めてみましょう。
どんな気持ちになりますか？

今の私によりフィットした服を揃えたいと思うかもしれません。
もう一度袖を通したい服もあるかもしれませんね。

ここからはクローゼットの中身を入れ替えるようなエクササイズに入ります。
断捨離のようにこれまでの服を一掃する必要はありません。
ゆっくり丁寧に、今の私がどうありたいのかに耳をすませ、
一番大切にしたいことを明らかにしていきましょう。

Step 3

「今の私」が大切にしたいことを、まずは5つ挙げてみましょう。
先ほどと同様に、62ページも参考にしながら、自由に記入してください。

memo

難しく考えすぎず、自分らしい表現でOK！　たとえば「笑い」なら「ガハハ」、「癒し」なら「もふもふ」など、感覚的な言葉に置き換えても構いません。

exercise

Step 4

Step1 と Step3 を見比べてみてどうですか？
価値観が変化していること、あるいはこれまでと変わらない価値観が
明らかになった今、あなたの日常生活にどんな影響がありそうですか？

Step 5

「今の自分」が大切にしたい価値観をしっかり大切にしてあげるために
取りたい行動はありますか？
やらないことを決めるのも、行動のひとつです。

キーワードのクローゼット

あなたの価値観に合うのはどの言葉？

考え方
ピンチはチャンス、七転び八起き、常にベストを尽くす、信じるものは救われる、継続は力なり、笑う門には福来る、置かれた場所で咲く、塵も積もれば山となる、失敗は成功のもと、有言実行、初志貫徹、日進月歩、一石二鳥、一生懸命、泰然自若、健康第一

関係
家族、友人、愛、絆、信頼、安心感、感謝、一体感、誠実さ、共感、公平、忍耐、真摯、敬意、尊敬、憧れ

あり方
成長、自己表現、ユニーク、調和、プロフェッショナリズム、可愛らしさ、かっこよさ、スマート、コツコツ、ゆったり、シンプル、ひたむき、キラキラ、楽観的、幅広さ、熱意、さわやか、ナチュラル、前向き、バランス、謙虚、エネルギッシュ、力強さ、粘り強さ

行動
エコ、貢献、還元、イノベーション、チームワーク、健康、癒し、楽しむ、冒険、未知への挑戦、新しい経験、目標達成、ひとり時間、語り合い、リスクをとる、スピード、サポート、守る、攻める、想像する、整える

気持ち
達成感、正義感、責任感、幸福感、やりがい、楽しい、好奇心、ワクワク、ドキドキ、冷静、落ち着いた、安心、興奮、リフレッシュ、反骨精神、喜び、セクシー、きゅん

58〜61ページのエクササイズで、書き込む言葉がすぐに浮かばないときは、こちらのリストを参照してください。どのカテゴリから選んでもよいですし、リストにない言葉を書き込んでも構いません。

仕方がないと
自分に言い聞かせているあなたへ

　子どもを産み、母になること。それは喜びであると同時に、連続的な変化の中で失うものへ悲しみもあります。人によって失うものはさまざまですが、あきらめていることをしっかり認識することで、今の自分を受けとめて前に進めます。

　ここで、あるママの喪失の実例をご紹介しましょう。結婚・出産を機に夫の故郷に引っ越し、これまでいた地域とのつながりや、やりがいのある仕事を手放すことになったときのことです。「子育てのために」と、あきらめた自分を納得させて日々を過ごしていました。しかし、月日が経ち、そのママの心の奥底に深く埋もれていった喪失の痛みや悲しみは、子どもが熱を出したある日、夫への攻撃となって突如、爆発することになりました。

「なんで私ばかりが休まなければならないの！」
「いつも仕事仕事って、あなた何もしていないじゃない！」
　怒りが止まらない自分をどうすることもできませんでした。

　喪失が引き起こす感情（自己犠牲、我慢、あきらめ、悲しみなど）は誰しも向き合いたくないものです。でも、フタをしたり、なんでもポジティブに変えようとしたりすると、心はどんどん苦しくなり、身動きが取れなくなってしまいます。

　そんな状態から抜け出すにはどうしたらいいのでしょう？　まずは自分の中に埋もれた喪失の痛みや悲しみを、自分自身が理解してあげること。そして、その痛みをしっかりと味わいつくすこと。そうすることが、この先の可能性や選択肢を広げ、夢を思い出すことにもつながっていくのです。

　ここからは、あなたが失ったものに向き合っていきましょう。

ここでは書き出してみる、言葉に出してみることが大事です。
ゆったりと呼吸しながら、優しい気持ちでやってみましょう。

exercise

Step 1

あなたは母になったことで何を失い（あきらめ）ましたか？
あるいは、何を失わされた（あきらめさせられた）のでしょう？
下の例を参考に、次の空欄に言葉を入れてみましょう。

- 家族関係　苗字、実家、生まれ育った家族、帰る場所
- 仕事関係　キャリア、昇進、やりがいのある仕事、転勤や出張、お金
- 自分のこと　趣味、おしゃれ、自分時間、若さ、体力、健康、自由
- 友達　友達との交流、飲み会、つながり
- 子ども　流産、死産、次の子をもつ、
　　　　　兄弟が増えたときのひとりの子に注げる時間

memo

私は	を失った（あきらめた）
私は	を失った（あきらめた）
私は	を失った（あきらめた）
私は	を失った（あきらめた）
私は	を失った（あきらめた）

memo

私は	を失わされた（あきらめさせられた）
私は	を失わされた（あきらめさせられた）
私は	を失わされた（あきらめさせられた）
私は	を失わされた（あきらめさせられた）
私は	を失わされた（あきらめさせられた）

exercise

Step 2

Step1 で書き出したものをもう一度眺めてみましょう。
あなたにとってこれらはどれだけ大切なこと、好きなことだったのでしょう？
もし、これらを失ったことの悲しみや、痛みの感覚が出てきたら、そっと優しく抱きしめて、
「そうだったんだね」「よく分かるよ」と受けとめてみてください。

> 悲しみや痛みをすぐになんとかしようとする必要はないよ。ゆっくり、ゆっくり受けとめてみてね。十分に受け止めることができたと感じられたら、次に進んでみてください。

Step 3

Step1 に書き出したことをふまえて、今できること、やってみたいことはありますか？
あきらめて封印してきたものを改めて見ると、今の自分はどう感じるでしょう？
当時との温度差を感じるかもしれませんし、今ならできると感じるかもしれません。
思いつくままに書き出してみましょう。

- 昔あきらめた〇〇を復活させたい！
- 前から気になっていた〇〇を試してみたい！
- 子どもを預けて〇〇に行く！

なんだか私、疲れてると感じているあなたへ

　セルフケアと聞いて、何を感じますか？　セルフケアとは、心や体の健康のために必要なメンテナンスのこと。日々の生活に追われ、自分には縁がないと思う人もいるかもしれません。加えて、忙しいママにとって大敵なのは「罪悪感」です。多くの時間とエネルギーを「子や周囲のために」注がないといけないように思いがちですが、自分が疲れ果てていては、それも思うようにはいきません。

　飛行機に乗ったときを思い出してみましょう。緊急時は、まず親が先に酸素マスクを着用するようアナウンスがありますね。酸素がない状態で、子どもを助けることは困難です。セルフケアは贅沢でも自分を甘やかすものでもありません。しっかりと子どもを守り、ケアするためにも、まずは自分の心身を整えることが必要不可欠なのです。

　罪悪感なく自分をケアするためにも、今の自分にとって何が必要不可欠なのか、エクササイズを通して明らかにしていきましょう。

exercise

Step 1

自分が取り入れたいセルフケアとして思いつくものを書き出してみましょう。
やる・やらない、できる・できないか、必要・不必要かを一旦横に置いて、なるべくたくさん書き出してみてください。

```
memo
_____
_____
_____
_____
_____
```

寝る間を惜しんで頑張っても、結局イライラして子どもにあたってしまい、自己嫌悪になったりするね。

何も考えずに飲む1杯のお茶が気分転換になることも。洗濯物が山積みでも、ひと呼吸おくことは自分を大切にすることにつながるよ。

　子育て中のママの大敵「罪悪感」を感じることなく、心と体を健やかに保つためには、「必要不可欠なセルフケア」と「ご褒美」を切り分けて考えることが大切です。
さっそく次を見ていきましょう。

exercise

Step 2

Step1 で書き出したセルフケアを次の2つに分けてみましょう。
それは日々の心と体のケアのために必要不可欠なものでしょうか？
それとも特別なご褒美でしょうか？
ここでは正解・不正解はなく、あなた自身がどう感じているかでOKです。
以下の例を参考に、書き出してみましょう。

> たとえば、ネイルはご褒美と感じる人もいれば、心の健やかさのために必要不可欠と感じる人もいることでしょう。自分の感覚に素直に書いてみましょう。

必要不可欠	ご褒美
例　夜泣きが激しいときの昼寝	エステ

> To Do リストがいっぱいでも、自分のこと、自分の時間をもつことを習慣にすると元気になるし、効率的になったりしますよ。

exercise

Step 3

今のあなたが日常に取り入れたいセルフケアは何ですか？
Step2で書き出した必要不可欠のリストから選んでみましょう。
また、それをどれくらいの頻度で行いたいか、希望も書いておきましょう。

取り入れたいセルフケア	頻度
例　湯船にゆったり15分つかる	週2回

リストを見て、いかがですか？
必要不可欠と感じるセルフケアは「その時間を取っていいんだよ」と、
ぜひ自分に許してあげてくださいね。
そしてご褒美は、ご自身をねぎらってあげたいときに
思い切り楽しんでほしいと思います。

あなたらしい旅って価値観とかセルフケアが毎日にあることなんだよね。
深呼吸をすることだってセルフケア。時間がない、とあきらめないでね！

セルフケアは、日々、自分らしくいるためにも必要なものです。
それは、自分の人生をどう歩みたいかにもつながります。

弱さは強さ

　マタニティリープ期の女性は、いろいろな変化を経験します。体の変化だけでなく、心の中でぐるぐると渦巻く感情や不安、孤独感など、自分自身の「弱さ」を感じることもしばしば。でも、ここでお伝えしたいのは、そんな「弱さ」こそが、実は私たちの「強さ」につながる秘密の鍵だということです。

　ヒューストン大学ソーシャルワーク大学院研究教授ブレネー・ブラウンは、勇気・心の弱さ・恥・共感などをテーマとした著書の中で、自分の弱さや繊細な気持ちを言葉にしていくことは「力」になると言っています。弱い自分を他人に見せるのは勇気がいることかもしれませんが、そうすることで気持ちが楽になったり、思わぬ共感やサポートを得られたりすることもあります。

　たとえば、「いいママでいたいけど、自信がもてない」という気持ちを、誰かに話すことで、あなたと同じように感じている人がいることに気づくかもしれません。または、あなたの発言に対する誰かのひとことで、自分の思い込みに気がつくかもしれません。その気づきや発見があなたの「力」となり、新しい強さにつながるのです。

　ですから、もし、自分の中に「弱さ」を感じたら、恐れずに受け入れてみてください。弱さを言葉にしてみてください。そうすることで、私たちはより強くなります。

　あなたが今体験しているマタニティリープの旅は、自分自身と向き合い、内なる強さを発見する素晴らしい旅です。「弱さ」も含めて、全てがあなた自身の大切な一部。それを受けとめて、新しい自分を発見する旅を、ぜひ楽しんでください。

マタニティリープ・ストーリー

本章ではマタニティリープのプロセスを体験したさまざまな方が
登場します。体験談に耳をかたむけると、
思いもよらない気づきや共感があるかもしれません。
旅の道中、仲間と語り合うように
楽しんでくださいね。

それぞれの
マタニティリープ・ストーリー

　さなぎから蝶に生まれ変わるようなマタニティリープのプロセス。人生の転換期はどのように訪れ、どんなリープをもたらすのでしょう。仲間たちの物語に耳をかたむけることで、人は何者にでもなれること、人生は可能性に満ち、選択肢はひとつではないことを知ってもらえたらと思います。

Maternity Leap Story 1

復職と不妊治療のはざまで（くみさん 40代）

月曜日が待ち遠しい

　第一子出産後、3年間の育休を経て、私は職場復帰しました。本当は第二子がほしくて、すでに1年近く妊活をしていましたが、なかなか授からず、不妊治療を続けながらの復帰になりました。コロナ禍でテレワークやフレックス勤務も認められていたことも幸運でした。毎朝4時台に起き、仕事、家事、育児でほとんど休憩することのない毎日で、日によっては不妊治療のクリニックの待合室で会議に入ることもありました。それでも、久しぶりの仕事は楽しくて、社会人になって15年、はじめて月曜日が来ることが楽しみになりました。

　そんな目まぐるしい毎日を過ごして5ヶ月が経った頃。不妊治療はどんどんステップアップして、体外受精の段階まできていました。その日は、初めて受精卵を戻した後の結果確認の日でした。「おめでとうございます、妊娠しています！」そう医師に告げられた後の自分の記憶があまりありません。ただ薬の説明を受け、帰宅し、つわりのような症状があると感じたことだけは覚えています。それから、急速につわりがひどくなり、パソコンに向かうことすらできない状態になっていました。ベッドで休み

ながらも、頭の中では常に、上司の期待に応えられないことや新しい担当を中途半端な時期に離れなければいけないことばかり考えていました。そして、第二子がお腹に来てくれたことをちゃんと喜んであげられない自分を責めていました。

「なんで謝るの？」にほろり

　体調があまりに悪く、思うように仕事ができないこともあり、満を持して上司に妊娠を告げることにしました。緊張しながらオンラインの画面に向かい、画面上に上司の顔が見えて最初に出た言葉が「妊娠しました、すいません……」でした。そして思わず涙がこぼれていました。これに対し、上司から返ってきたのは「なんで謝るの？　おめでとう！　よかったな！」という言葉と明るく本当に祝福してくれている声でした。その瞬間に私の鬱々とした気持ちは一気に軽くなりました。

　その後、同じグループの唯一の先輩にも妊娠を告げましたが、仕事の負担が増えてしまうにも関わらず、その先輩も私以上に喜んでくれました。そして、それから産休に入るその日まで、上司や先輩のサポートを受けながら、自分にできる精一杯の仕事を残そうと密度の濃い時間を過ごしました。最終出社日、上司、先輩、私の3人で涙を流したことは忘れられません。たった1年の復帰でしたが、復職してよかったと心から思いました。そして、何よりもこの環境があったからこそ、息子の誕生を楽しみに毎日を過ごすことができたと思います。

リープのポイント

　責任感から罪悪感を感じること、よくありますよね。周囲の方とのつながりを大事にしているからこそ、期待に応えたい、迷惑をかけてはいけないと一生懸命に自分のできることを全うする姿があります。思い切って妊娠を告げるとともにぽろっと出た本音の力、上司や同僚の方の心からの祝福。マタニティリープを応援する、周囲の人の力も大きいですね。
　責任感と罪悪感の間に揺らいで抜け出せなくなりそうなところを、仕事仲間とのつながりの中で、仕事の喜びや思いに変換していく力強いリープがここにはあります。

Maternity Leap Story 2
別居婚で見えた幸せのかたち（さおりさん 40代）

夫婦の関係を変えた土地の磁場

　私が第一子を出産したのは、35歳のときです。キャリアを重ね、自分自身でできることが増え、仕事もプロとして信頼を得て、やりたいことはかなりやってきた上での結婚、出産でした。30歳をこえたとき、世の中の女性の多くがそうであるように、私も結婚を意識していました。仕事には自信がありましたが、結婚には焦りを感じていました。そして夫となる人と出会ったときには、このタイミングしかないと雪崩が起きるように、結婚や夫の実家への移住を決め、妊娠・出産の流れに身を任せました。

　夫はきっと私を大事にして、新しい土地でも守ってくれるに違いないと思っていました。でも、それは淡い期待だったと、飛び込んでから感じました。土地には記憶があるのです。夫が生まれ育って、家長として住んでいるその場所は、東京にいたときの夫になかった何かを呼び覚まし、その磁場によって、私たちのそれまでの関係をすっかり変えてしまいました。

　田舎なので習慣も言葉も違います。農業を中心とした生活、夫の家族との価値観の違い、東京では当たり前と思われることが否定される毎日。炊事・洗濯・子育ては女性の役割。朝5時台から夜まで人が家にやってきます。自分を大切にすることはわがままにうつります。幸いにして、私はオンラインで働くことができるので、そんな大変な状況を信頼できる仕事仲間に話すことで、自分を立てなおす時間をもつことができました。

夫の暴力が一時停止ボタンに

　郷に入っては郷に従え。しばらくはそう折り合いをつけていましたが、それも我慢の限界です。「なんで私の味方になってくれないの？」「嘘つき！」そんな気持ちが募りました。夫や彼の家族とのもめごとも永遠に続くようでした。四面楚歌のような私の状況に一時停止ボタンが押されたのは、夫の暴力によってでした。私は子どもと一緒に自分の実家に戻り、両親に子育てをサポートしてもらうことになりました。さまざまな経緯はあるものの、結果的にそれがバランスのとれたベストな環境でした。

ふとしたときに、あの暴力があってよかった、と安堵することさえあります。あの極端な出来事がなければ、私は今もなお、孤独に我慢をし続け、生き地獄の中にいたことでしょう。住む場所を変えたことで、私自身の人生は再び息を吹き返したのです。一見マイナスなこの強烈な出来事がきっかけとなり、次の大きな一歩を踏み出せたのです。その後、別居婚の夫との間に第二子、第三子が生まれました。あのときの大きな一歩がなかったら、この子たちの存在もなかったことでしょう。

リープのポイント

　家族だから夫婦だから我慢しなくては、よき妻として母として振舞わなければ、そのように考えて自分の本音に折り合いをつけて過ごしている方は少なくないのではないでしょうか。旦那さんの暴力がきっかけでしたが「我慢の限界」という本音を出し、育児環境を変えて実家に戻る選択をしたことが大きなリープにつながりました。

　また、そこから離れても家族であり続けたいという夢への気づきがあったからこそ、別居婚という家族の形を見つけることができ、家族が大きくなっていったのではないかと思います。

Maternity Leap Story 3

支え合うママ友のありがたさ（まきさん 30代）

夫の海外転勤についていく

　私が妊娠したのは、34歳のときでした。つわりがひと段落して安定期に入ろうとしていた時期に、それは突然告げられました。「夫の海外転勤」です。驚きもありましたが、産休・育休に重なるという幸運も感じずにはいられませんでした。「ついていこう」そう決めるのに時間はかかりませんでした。それから産休までに4ヶ月、全てを一度リセットするような気持ちで、仕事を納めるべく一生懸命働きました。最終出社日、「よく働いたなあ」と爽やかな気持ちで夜風に吹かれながら帰宅したことを覚えています。

　産休に入ると間もなく、夫が赴任のために出発する日がやってきました。大きなお腹を抱えながら空港に夫を見送りに行き、離れる寂しさと、これから出産をひとりで迎える緊張と不安から大泣きしてしまいました。一緒に見送ってくれた弟が背中をさすってくれたのを覚えています。それから家族の助けを得ながら、無事に出産を迎え、実家に戻り、そこから3ヶ月、はじめての育児と海外に引っ越す準備で慌ただしい毎日を送りました。命を預かっているようなたまらない緊張感があり、何もかもが心配で不安な時期を、実家で支えてもらうことができたのはその後の糧になりました。

甘えることの大切さ

　娘が3ヶ月を迎えて間もなく、私たちの出発の日がやってきました。いよいよこれから始まるんだというドキドキする気持ちと、家族と離れる不安感とともに、飛行機に乗り込んだことをよく覚えています。ようやく始まった家族3人の生活。私たちが来ることをとても楽しみにしていてくれた夫は一生懸命気遣ってくれましたが、お互いに子育ては初めて、しかも慣れない海外生活のストレスもあり、喧嘩をすることが増えました。まだ知り合いもほとんどおらず、外出も自由にはできず、テレビをつけても日本語は流れず、夫を見送ってから帰宅するまでひたすら娘と2人で待つ毎日。孤独を感じずにはいられませんでした。

　そんな日々を少しずつ変えてくれたのが、現地で知り合った日本人の友人たちでした。運転がまだできなかった私を、車でさまざまな場所に連れ出し、新しい友人を紹

介してくれました。子どもやママが集まるイベント、料理教室、ケーキ教室など友人が紹介してくれた機会には、柄じゃないなんて言わず、娘と積極的に足を運びました。そうして、友人が1人増え、2人増え、家族ぐるみで集まるようになり、夫が出張で不在のときには夕飯を食べさせてもらったり、娘が病気で外出ができなかったときには買い出しをしてもらったり。甘えることが苦手な私は甘えること、助けてもらうことの大切さを、その友人たちに教えてもらいました。そのつながりがあったからこそ、私は初めての子育てを乗り越えることができたと思っています。2年過ごして日本に帰国しましたが、今でもその友人たちとは、さまざまな形でつながり、支えてもらっています。

リープのポイント

　変化を肯定的にとらえ、リープのきっかけにすることができる方だと思います。孤独の沼にはまりそうになりながらも、育児体制を整え、親兄弟、友人とのつながりで、前に進んでいったのはまさにリープと言えるでしょう。
　「柄じゃない」と言いつつも、ケーキ作りや料理教室といったこれまでの自分の興味の範囲を超えて、つながりを作っていきました。子どもを通じて、子育てを通じて、新しい興味を広げていくこともリープのひとつの形、面白いですよね。

　みなさんの物語を読んでみて、どんなことを感じましたか？　マタニティリープ期の悩みや苦しさは同じでも、その背景やどう向き合い対処するかは人それぞれ。ひとつとして同じ物語はないのです。

時間・お金・健康に まつわるマタニティリープ

　リープのポイントを考えるとき、「時間」「お金」「健康」も大切なテーマです。これらの中には、繊細な話題もあり、人と話す機会も少ないかもしれません。ほかの人がどのように考え実践しているのか、あなたの新たな一歩＝リープにつながるヒントを集めてみました。

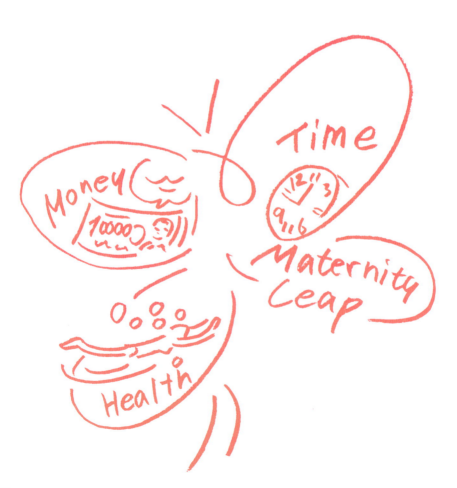

時間：小さな行動の変化が大きな喜びに

　日々の忙しさの中で、「時間」はとても貴重なもの。みなさんすでにいろいろなやりくりをしていると思います。どのやり方がいいか正解はありません。子どもの成長にあわせて時間の使い方も変わります。これまでと少し時間の使い方のパターンを変えてみて、それが自分に合っていたら続けてみることがポイントです。

> 仕事や家事と子どもの世話を同時並行にするのをやめて、子どもと集中して遊ぶ時間を増やしたら、今まで気づかなかった子どもの小さな成長が見えるようになった。

> 手料理にこだわりすぎず、レトルトや簡単な料理もOKにしたら気が楽になった。子どもと一緒に過ごす時間が増え、家族の時間が充実していると感じる。

> 早朝、誰も起きていない時間に仕事を始めたら効率が上がり、心の余裕も生まれた。寝る前に「今日もやりきったな」と思えるのが嬉しい！

> 以前は夜更かしして仕事をしていたけど、最近は子どもと同じタイミングで寝ている。早朝にひとりの時間をもてるようになり、毎日穏やかにスタートできるようになった。

お金：安心感と自立のバランスは？

　お金に関する考え方は個人によっても家庭によっても異なります。夫婦別財布でどちらが何に払うか決めている家庭もあれば、一方が家計を管理するなど、さまざまです。

　多く聞かれる不満は、妊娠・出産がメインとなる時期に女性に収入がなくなることで、これまで支出していたようにお金が使えなくなること。もし夫がそのときの家計をメインに維持していると、そのお金を自分のために使うことに後ろめたさやためらい、不安がつきまといます。たとえば、ちょっとカフェでほっとする1杯、美容院やヨガに行くなど自分のためにお金を使うといったことです。家計に関する安心感と自分自身の自立とのバランスのために、あなたはどんな解決策を望みますか？

> 大きな支出を伴う決断時には、パートナーとよく話し合う。妊活やお受験など、どこからどれくらい出すか、都度話し合うことでお互いに納得できているかな。

> 金銭的に苦しいときは両親にサポートをお願いしたり、ファイナンシャルプランナーにやりくりを相談したりして、助けてもらっている。

> 自分の現在の資産をまとめたり、遺言にしてみたりした。緊急度は高くないけど、毎年、誕生日に見なおすと、今の状況がとらえられて安心できる。

> 夫が金銭的なことを全く気にしないので家計は私が握っている。私も働いているので、家計全体を把握して将来の計画ができていいかな。

健康：セルフケアが鍵

　心身の健康はとても大切なリープの「たね」となります。とはいえ、子育てに忙しい時期は、子どもを病院に連れていくことは多くても、自分の通院や歯のケア、人間ドックのため病院に行ったり、適度に運動したりするための時間は予定に入れにくいものです。ですが、自分自身の健康を第一に考えることは、わがままでも自己中心的なことでもありません。あなたの健康は家族全体の幸せにもつながっています。

> 産後の体調管理のために整骨院通いを開始。自分を後回しにしないために毎回その場で次の予約を入れている。おかげで健康を維持できるようになった感じ。

> 毎日15分ベビーカーを押しながらの散歩を始めた。少しでも体を動かすことで血の巡りがよくなると感じるし、外の空気に触れられるのが気持ちがいい。

> 週1回30分の水泳を始めたら、気持ちがリフレッシュされ、子どもとの時間や家事、仕事にもいい影響があった。冬の感染症にも抵抗力がついた気がする。

> 思い切って月に1回、一時預かりを利用して近所のお風呂屋さんに行くことにした。ゆっくりお風呂に入ることで体がほぐれ、リラックスできた。

お困りごとはリープの「たね」に

　どうにかならないかなと思っているお困りごとはリープの「たね」となり、新しい生活の形を探す絶好の機会となります。日々の忙しさの中で、沼にはまってしまうパターンを見なおしてみませんか？　繰り返しますが、上手くいけば続ければいいし、上手くいかなければやめてもいいんです。

選択肢と可能性を広げる

　子どもが生まれ、育児に一生懸命になると、「こうしなければならない」「上手くできていない」と思い込んでしまうことがよくあります。限られた情報の中で気づかないうちに自分で選択肢を狭めてしまい苦しい思いをすることがあります。しかし、その選択肢しかないのでしょうか？

　たとえば、日本では親子が一緒に寝ることが一般的ですが、アメリカでは生まれたときから子どもは自分の部屋をもち、早い段階で親とは別々に寝ます。こうした異なる育児スタイルを知ると、日本の当たり前とは異なることに気づき、自分の育児スタイルにも別の選択肢があることを感じられます。

　実際には、出産や子育てにおける形はさまざまで、選択肢は無数に存在します。それにも関わらず、無意識のうちに「このやり方しかない」と思い込んでしまい、選択肢が見えなくなってしまうことがあります。マタニティリープのような考え方を取り入れ、自覚的に選択肢と可能性を広げていくことが大切なのです。

　ほかの選択肢があることを知っていると、たとえ同じ選択をしても、安心感や気楽さが得られるかもしれません。複数ある選択肢の中から自分にとって最もエネルギーが湧く選択をする。そのプロセスがあることで、自分の人生の舵を自分が握っているという感覚がもて、その選択がよりパワフルなものになるのです。そして、「夢」や「希望」といった、マタニティリープ・コンパスの方位にもつながっていきます。

座談会
「リープ」ってなんだろう？

　本書でよく出てくる「リープ」という言葉。
その意味を「飛躍」と広くとらえてきましたが、
具体的にはどのような体験を指すのでしょう。
またいつ「リープ」したと感じられるのでしょうか。
執筆者のなべゆき、みわにゃん、ちなつ、ひぐまりの4人で話してみました。

「リープ」とは、人生を豊かにする変化

（なべゆき）この本を書いている途中で、ひぐまりが「ぶっちゃけ、リープって何？」といい問いかけをしてくれました。私からまず声を出してみると、「自分の人生を豊かにする変化」かな。短く言うとそんな感じがします。

（ひぐまり）うーん。なるほど。これという明確な答えはないと思うんですけど、どんなタイミングで、どんな風に、どんな変化が起きるんでしょうか。変化って抽象的な言葉だから、イメージがとらえにくい感じがあると思います。

そのときに気づく「リープ」もあれば、あとで気づく「リープ」もある

（ちなつ）リープって「今、何かこれ、リープに向かってるな」っていうときもあれば、全くそれがなくモヤモヤし続け、後から振り返って「リープだったんだな」と発見することもある。そういう意味では今は全然実感できていなくても、それが「リープ」につながってるんじゃないかっていう仮説があるだけで、勇気をもらえる気がする。

（ひぐまり）なるほど。

（ちなつ）ふと思い出したのは、友達のママが「お洗濯の時間がもう幸せでしょうがない」って言ったこと。「お洗濯は太陽に感謝する時間」だと。それを聞いて素敵〜！と思ってからは自分のお洗濯の時間との向き合い方が変わった感じがして。そういう、人からもらった言葉でハッとして意識が変わることもある。それも「リープ」の瞬間だよね。

（みわにゃん）自分から行動したことで「リープ」を起こすみたいなときもあるけど、ちょっとした何かのタイミングで意識や見え方がガラッと変わる「リープ」もあるよね。

（なべゆき）「リープ」はいつでも語れるんだと思う。子育てがひと段落しているみわにゃんのように、子どもが成長してからそのときに気づけなかった「リープ」を語り、受けとめることで、また何かが起きるっていうような自己受容「リープ」もあるよね。

（みわにゃん）「リープ」の進化系みたいな感じ。ポケモンの進化系じゃないけど（笑）

（なべゆき）「リープ」って結構いろいろな要素があるよね。

「リープ」はタイプもきっかけもいろいろ

（ひぐまり）みなさんと話してきて、「リープ」にはすごい大きな変化もあればちょっとした変化もあって、それを全部が「リープ」だと知っているのが大事だなと。ついつい飛躍という言葉からは大きい変化を想像しがちで、そうすると自分に起きていることは「リープ」じゃないと思ってしまいそうで。

（なべゆき）「プチリープ」が10個ぐらい集まると、大きな「リープ」になってるみたいな（笑）そんなこともあるのかな。なんかポイントカードみたいだけど。

（みわにゃん）ロールプレイングゲームみたいになってきた（笑）

（ひぐまり）確かに、「プチリープ」がひとつ起きるだけで自分の中に連鎖が起きていったりするときがあると思います。ちょっと見方が変わっただけで、不思議といろいろなことの見え方が変わっていったりすることとかありますよね。

（ちなつ）そういえば、最近立て続けに「あのときに言われたひとことですごい見方が変わった」って言われたんです。私はもう覚えてなくて。きっとそういうことってママたちの間で常に起こっているんじゃないかな。たとえば、結構わんぱくな男の子がいて、その子のママとしては秩序を乱すし、言うこと聞かないからどうしようみたいな目で見ているんだけど、周りのママってちがう見方ができるから。「突き進むリーダーになるんじゃない？」なんて言葉も出てくる。

（なべゆき）確かに当事者には見えない可能性や長所を見つけてくれることって多いよね。

（ちなつ）そういうひとことがあるだけでも、「そんな見方できるんだ」ってことが起こる。ママたちってお互いに「リープ」を起こし合っている気がする。「プチリープ」もあるし「大きいリープ」もあるし、「がむしゃらリープ」もあれば「じんわりリープ」もある。いろいろなタイプがあるし、気づくまでにすごい時差がある「リープ」もあるよね。

「リープ」の先に待っていること

（ひぐまり）ひとつじゃないと思うんですけど、「リープ」で変化が起きた後はどうなるんでしょうか？　ポジティブな変化が起きる感じはしていて、悪い方に変化することを「リープ」とは言わないのかなとは思うのですが。

（みわにゃん）うーん、やっぱり楽になったりとか、感覚的にはそんな感じがぴったりくる。

（ちなつ）マタニティリープという考え方やスタンスを知っていて、すごいちっちゃい「リープ」があったことに自分で気づくことも「リープ」だなと思う。たとえば、昨日まで靴を履くのに時間がかかっている子どもをものすごい急かしちゃったけど、今日はしなかった。もうそれで「プチリープ」だし、自分を祝ってあげる機会が増える。

（なべゆき）頻繁に「プチリープ」に触れてるってことだよね。朝も1回あったし、夕方にも、とか。今朝は「靴履けた？」って言わなかった、はい「プチリープ」で1点（笑）

（ちなつ）そうそう。もちろん自分でも気づけたらいいし、この本を読んで、みんなにもお互いに「それリープじゃない？」と言ってもらえるようになったらいいなあ。

（なべゆき）たとえば、ポジティブ心理学を応用して、2分間の五感を使った瞑想を3時間ごとにやるという手法がある。それって、意識を楽な方へ意識的、定期的に向けていくものなんだけど、もし「プチリープ」が3時間ごとに1個あったらすごいよね。「プチリープ」だって自覚して「リープ」してるっていう。

（ひぐまり）ははは。そう考えてくると、「リープ」の先は、ちょっと楽になったり、ちょっと日々が面白くなったり、自分にOKを出せるようになったり、そんな感覚があるのかもしれないですね。

毎日の中での「リープ」との付き合い方

（ちなつ）付け加えたいのは、「リープ」しようとすれば失敗も同時にあるってこと。たとえば昨日子どもを急かしちゃったけど、今日は大丈夫だった。これは成功したパターン。でも明日はまた急かしちゃってるかもしれない。そうすると悔しいよね。でもその悔しい思いがあるのは成長したいから。その自分にも気づいてあげたいよね。

（なべゆき）70ページのコラム「弱さは強さ」で紹介したブレネー・ブラウンもそう言ってた。失敗するかもしれないけど、あえてその競技場に立って、トライする。成功の裏には失敗しかない。だから今の話は本当にそうで、失敗があるから成功があるし、そこにはトライする勇気があったということになる。

（ちなつ）と同時に、全てを無理に「リープ」につなげなくていい気もするよね。

（みわにゃん）私はね、聞いててちょっと疲れちゃうなって感じが少ししたのね。全部「これはリープかな」とか、「リープにつながるわ」って自分の行動を見てると、すごい疲れない？　たまに振り返るぐらいでいいんじゃないの？　もちろん、そんな風にやるのが力になる人はそれもいいと思うけど。

（ひぐまり）あはは。そうですね。それと同時に浮かんできたのが、人って上手くいったことって忘れるってこと。上手くいかなかったこととか、失敗の方が頭に残ったりするなって。そういう意味では、1週間や1日に1回とか、ちょっと振り返って「今日は●●ができた、頑張った」と思える時間があるのは、すごい大事なのかも。自分に合うペースでいいと思うんですけど、「できた」がないと毎日が「できなかった」ことに埋め尽くされちゃう感じがするな。

（みわにゃん）そう思うよ。私の場合、だいぶ年月が経ってから自分の「リープ」について話したけれど、今ここで話すより、そのときに話していた方が私にとってはよかったんだろうな。長い間、自分が「リープ」したことを受け取らないでいるより、少なくともそのときかちょっと経ったぐらいのところで振り返れるといいね。

（なべゆき）脳の働きとして、ポジティブな出来事よりもネガティブな出来事の方が強く記憶に残りやすいって言われているんだよね。*

（ちなつ）だから、3つできたことに気づいて、1つできなかったことが残っているぐらいだとバランスがとれるんだね。**

（みんな）（一同うなずき）

（なべゆき）みんなで「リープ」について話してきました。マタニティリープとは、大変なとき、混沌の中にいても、それが「リープ」＝飛躍のきっかけになっていくというスタンス。読者のみなさんにも日常の中にある「リープ」が身近に感じてもらえるといいですね。

*心理学用語でいう「ネガティビティバイアス」のこと。
**ポジティブ心理学の分野において、ポジティブ感情とネガティブ感情の比率を3:1に保つことで、幸福度や健康を維持できるという説がある。

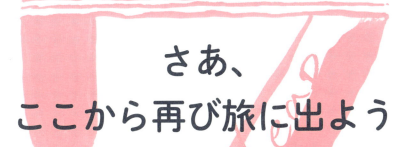

さあ、
ここから再び旅に出よう

あなたには、すでに新しい景色が
見え始めているかもしれません。
何を手にして、どこへ出かけるのでしょう？
本章では、あなたが安心して一歩踏み出すサポートをします。
マタニティリープというマジックワードを旅のお守りに、
あなただけの道のりを楽しんで。Let's go!

マタニティリープを日常に

　本書のエクササイズに時間を割くのは簡単ではなかったことでしょう。まずはここまで、お疲れさまでした。次にやることは、そう！実践です。

　やることに追われ、自分のことが後回しになりがちな日々の中、ここまでに得た気づきを日常に取り入れるには、少しの工夫が必要です。

　さっそく、次のエクササイズを試してみましょう！

ここまでを振り返ってみましょう

　マタニティリープのスタンスを日常生活に取り入れ、実践するために、さまざまな角度からこれまでの学びを振り返ってみましょう。

　まず、この本やエクササイズを通して得た気づきや決めたことを整理します。ふだんは忙しさの中で立ち止まる機会が少ないかもしれませんが、何を感じ、気づいたのかを言葉にし、書き留めることで、得た学びが自分のものとなり、より深く定着します。

　そうして大切な学びを整理しておくことで、日常のふとしたときに役立つでしょう。何か困難なことがあったときには、ここで書いた内容を見なおし、あなた自身の原点や本来の目的を再確認することができます。きっとあなたの力になるはずです。

exercise

Step 1

「マタニティリープ・コンパス」の3つの観点から自分自身を振り返ってみましょう。

「本音」が教えてくれたことは何ですか？

今ある「夢」は何ですか？

大事にしたい「つながり」はありますか？

exercise

Step 2

本書を読んで、自分自身が何を感じたのか、
どんな気持ちになったのか振り返ってみましょう。

エクササイズ全体を通して、感じたことは何ですか？

> memo
>
> _____
> _____
> _____
> _____
> _____

マタニティリープ・ストーリーを読んでどう感じましたか？

> memo
>
> _____
> _____
> _____
> _____
> _____

exercise

Step 3

これからのリープのたねとなる、気づきや行動を洗い出してみましょう。

自分自身についての発見や大事にしたいことは何ですか？

[memo]

自分で記入したリープデザイン Map の 8 つのエリア（42 ページ）の中で
具体的に変えていきたいことは何ですか？　気になるエリアだけでも OK です。

[memo]

日常でリープを叶える

　最後は、これまでの振り返りをふまえ、日々の本音や夢を意識できるようにするエクササイズです。今の自分を少しでも変えたい、新たな一歩を踏み出したいという気持ちが芽生えた自分にエールを送りましょう。一歩ずつ進めることで、あなたの毎日に新しい風を吹き込み、次のステージへと導いてくれることでしょう。

マタニティリープ・ジャーナル

　このシートは、日々の出来事をシンプルに記録し、自分にエールを送る1週間の日記です。毎日の小さな進歩や変化を確認し、積極的に自分を認めていくことで、失敗からも立ちなおる手助けとなります。これを2週間続けてみましょう。

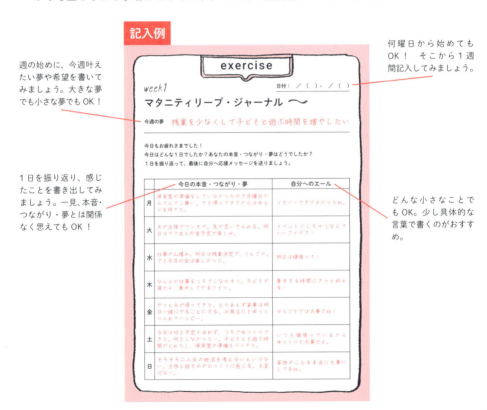

コーチングタイム

「コーチングタイム」のシートを使って、マタニティリープ・ジャーナルに記した2週間の記録を振り返ってみましょう。本音やつながり、夢といったマタニティリープ・コンパスの要素とリープについて、自分自身と対話することにより、新たな気づきを深め、行動に変化をもたらす機会となります。

次の2週間だけでなく、今後にも活かすことができるでしょう。

それでは記入例を参考に、次ページからのシートに取り組んでみましょう。自分のペースで記録を付けることで、マタニティリープを実感しやすくなります。自分との対話を大切に、マタニティリープ発見の旅を楽しんでください。

exercise

week1
マタニティリープ・ジャーナル 〜

日付： ／ （ ）- ／ （ ）

今週の夢
___

今日もお疲れさまでした！
今日はどんな1日でしたか？ あなたの本音・つながり・夢はどうでしたか？
1日を振り返って、最後に自分へ応援メッセージを送りましょう。

	今日の本音・つながり・夢	自分へのエール
月		
火		
水		
木		
金		
土		
日		

exercise

week2
マタニティリープ・ジャーナル

日付： ／（ ）- ／（ ）

今週の夢 _____

今日もお疲れさまでした！
今日はどんな1日でしたか？　あなたの本音・つながり・夢はどうでしたか？
1日を振り返って、最後に自分へ応援メッセージを送りましょう。

	今日の本音・つながり・夢	自分へのエール
月		
火		
水		
木		
金		
土		
日		

exercise

日付： ／ （ ）

コーチングタイム

この2週間を振り返り、以下の問いに対して
思いついたイメージや言葉を書き出してみましょう。

夢 *yume / dream*
- 夢を意識できましたか？　　　　　できた・まあまあ・できなかった
- どんな夢に気づきましたか？

_____

本音 *HONNE*
- 本音を言葉にできましたか？　　　できた・まあまあ・できなかった
- どんな本音に気づきましたか？

_____

つながり *TSUNAGARI*
- つながりを感じることができましたか？　できた・まあまあ・できなかった
- どんなつながりを感じることができましたか？

_____

リープ *Leap*
- 夢・本音・つながりを意識したことで、何かトライしましたか？

_____

- どんなリープや変化がありましたか？

_____

自分へのエール

_____

今後どうしたいですか？

_____

後半の 2 週間に向けて

　あなたは、これまでの 2 週間、夢、本音、つながり、自分へのエールを言葉にしながら過ごしてきましたね。このシートを使って、毎日の生活の中でマタニティリープを少しずつ感じ、実践していただけたことと思います。ここからは、さらに深く自分と向き合い、もう一歩踏み出すための 2 週間が始まります。

　まず、このシートの取り組み方について、もう一度振り返ってみましょう。日常の中で感じたこと、思ったことをシートに書き込むことは、コーチと一緒に話をしているときのように、ふだん 1 人では気づけないことに気づいたり、新しい発見があるかもしれません。自分の本音を見つめ、夢を言葉にし、時には迷いながらも自分自身を応援する。記入後のシートは、単なる記録ではなく、あなたが自分自身を知り、未来に向けて歩み続けるための大切な一歩です。

　後半の 2 週間は、さらに自分の内側を深く掘り下げ、日常の中で新たな気づきを見つけることを目指しましょう。たとえば、「ふだんとはちがうやり方を試してみたことは？」「自分を褒めてあげたいと思った瞬間は？」といった問いに向き合うことで、ふだんは見過ごしがちな小さな成功や変化を意識することができます。これこそが、プチリープです。日々の中で少しだけ勇気を出して試みたこと、それがあなたのリープとなります。

　シートに記入する際は、特別な時間を設ける必要はありません。忙しい日常の中で、ふとした瞬間に感じたことを簡単に書き留めてみてください。その小さな積み重ねが、あなたの未来を少しずつ形作っていきます。

　この後半の 2 週間も、シートを通じて自分を見つめ、リープの可能性を探ってみましょう。どんな小さな一歩でも、それが未来の大きな飛躍へとつながります。あなたの歩みを、私たちも心から応援しています。自分を信じて、前に進んでください。このシートがあなたの道しるべとなることを願っています。

exercise

week3
マタニティリープ・ジャーナル

日付： ／ （ ） - ／ （ ）

今週の夢
_____

今日もお疲れさまでした！
今日はどんな1日でしたか？　あなたの本音・つながり・夢はどうでしたか？
1日を振り返って、最後に自分へ応援メッセージを送りましょう。

	今日の本音・つながり・夢	自分へのエール
月		
火		
水		
木		
金		
土		
日		

exercise

week4
マタニティリープ・ジャーナル

日付：　／　（　）-　／　（　）

今週の夢
___

今日もお疲れさまでした！
今日はどんな1日でしたか？　あなたの本音・つながり・夢はどうでしたか？
1日を振り返って、最後に自分へ応援メッセージを送りましょう。

	今日の本音・つながり・夢	自分へのエール
月		
火		
水		
木		
金		
土		
日		

exercise

コーチングタイム

日付： ／ （ ）

この2週間を振り返り、以下の問いに対して
思いついたイメージや言葉を書き出してみましょう。

夢 (Yume / Dream)
- 夢を意識できましたか？　　　　　　　　できた・まあまあ・できなかった
- どんな夢に気づきましたか？

_____

本音 (HONNE)
- 本音を言葉にできましたか？　　　　　　できた・まあまあ・できなかった
- どんな本音に気づきましたか？

_____

つながり (TSUNAGARI)
- つながりを感じることができましたか？　できた・まあまあ・できなかった
- どんなつながりを感じることができましたか？

_____

リープ (Leap)
- 夢・本音・つながりを意識したことで、
何かトライしたことはありましたか？

_____

- どんなリープや変化がありましたか？

_____

自分へのエール

_____

今後どうしたいですか？

_____

exercise

1ヶ月後の振り返り

1ヶ月間お疲れさまでした！　いかがでしたか？
忙しく駆け抜けたとしても、体調不良で思うように過ごせなかったとしても、
自分にエールを送り続けましょう。
それがまさにマタニティリープのスタンスです。
全ての時間にOKを出して、気づきや感想を書き出してみましょう。

memo

精一杯やってきたと思います。本当にお疲れさまでした！

自分への感謝のメッセージ

　最後に自分に感謝のメッセージを贈りましょう。
混沌の中で、毎日頑張る自分、
それを飛躍のチャンスに変えようとしていること自体に
とてつもない価値があります。
そんな自分をもうひとりの自分の目線で見つめ、
思い切りねぎらってあげてくださいね。

座談会
私たちが夢見ていること

「マタニティリープ」で毎日がちょっと楽しくなる

(なべゆき) この本を一緒に書いてきましたが、私たちがどんな夢を見ているか、この本の締めくくりとして話してみたいと思います。まず口火をきると、私はマタニティリープという言葉を広めたい。自分も含めて、妊娠・出産・子育てに関わる人が、もっと自由に、楽になるようになったらいいなというのがあります。

(みわにゃん) そうだね。この活動の話をすると、妊娠・出産・子育ての渦中にいるパパママだけでなく、50代60代の男性、かつて子育てに奔走したママ、子どものいない女性も、すごく興味をもってくれて関わりたいと言ってくれる。その応援の気持ちが循環していくといいな。これまでも1人じゃないって何度も書いてるけど、本当に実感できるようになったらって思う。

(ちなつ) この本が出版されることになったとき、すごくワクワクしたんだよね。母子手帳みたいに、出産が決まったらみんなが手に取って、自分の成長記録をつけられたら素敵だよね。そして自分の時間をもつためのきっかけになってくれればいいなって。自分のために自分の時間を使っていいんだな、自分頑張ってるなって思う時間が増えるといいな。

(ひぐまり) マタニティリープの考え方を知るだけで、日々がちょっと楽になる。ただただ混沌とした中にいて、毎日私何してるんだろう？って思うだけの日々じゃなくて済む。それをOKって思える瞬間があるだけでも楽になるし、安心できる。

(みわにゃん) そうだよね、笑って言えるようになるといいね。「今、私こんな沼にいるよ！」ってね。

（ちなつ）モヤモヤしているときは、気持ちを言葉にしづらかったりするんだけれど、マタニティリープって言えば、ちょっと話しやすくもなるし、自分に素直になれるマジックワードとしてお守りみたいに使ってもらえたらいいよね。

（なべゆき）子育てが終わった人からは「あっという間だよ」とよく聞くけど、子育て中の人には永遠に続くように感じるよね。でも、今この瞬間を大切にしたい。マタニティリープって言葉が「大変だけど、愛しい」とか、本音が話せるきっかけになったらいいな。

「マタニティリープ」でつながる

（ちなつ）マタニティリープの話をすると、すごく共感してくれる人がいる。今、目の前に誰もいないように感じるかもしれないけど、応援してくれる人はいっぱいいる。1人じゃない。同じことで悩んでる人がいっぱいいる。そしてこれは抜け出せる悩みなんだと思えるだけでもつながりを取り戻すことだと思う。まさに、自分とのつながり、人とのつながりを取り戻していくプロセス。

（ひぐまり）マタニティリープって本人だけでなく、その周囲にも共有できることでもあります。家族の磁場が変わるというか、夫婦関係も変わるし、親との関係も変わるなと感じています。混沌も共有する感じもありますし（笑）

（ちなつ）マタニティリープはママだけじゃなく、パパや応援者にも大事だよね。過程を楽しむためのマジックワードになれば素敵！

（ひぐまり）本当にそうですね。

（なべゆき）さなぎが蝶になるように、私たちも変わっていくんだよね。子育て中は、自分のことは後回しにして、子どもや人のために生きる時間が多いけど、少しずつ自分を取り戻していく。

（みわにゃん）そうだね。ここに書かれてることって、私たちだけの経験ではなくて、今まで私達が出会ってきた人の経験や先人の知恵なんだとも思う。だからこの本と出会うことでこれまで応援してくれた人たちとのつながりを感じてもらえたら嬉しい。

「マタニティリープ」はみんなのもの、そして世界へ！

（なべゆき）あとはね、マタニティリープが誰もが知っている言葉になって、人とつながって共感しやすくなるといい。外国人にこのことを話してみたら、とっても深く共鳴してくれた。きっと人として自然なものだし、希望なんだと思う。これからの夢は、日本に限定されず共有されること。でもまず日本でNHKのニュースで特集されるといいね。「マタニティリープという言葉、知っていますか？」って（笑）

（みわにゃん）そう、男女問わず、みんながこの考え方を知って、生活の一部にしてくれたら嬉しい。

（ちなつ）そうね、マタニティリープは家族みんなのものだし、家族を超えたところにも波紋を起こすよね。周囲の人も「あの人は今マタニティリープ中ね」ってあたたかく見守ってくれる、そんな環境が広がっていくといいな。

（ひぐまり）マタニティリープの輪が世界中に広がって、ママ、パパ、そしてさらにその周囲の人たちにまで笑顔が増えていくといいですね。夢は大きくです！

AT THE END
おわりに

　よくここまで読み進めてくださいました！　日々のタスクが山のようにある中でも、自分を見つめる時間をとったご自身を、ぜひねぎらってあげてください。

　実は私たちもこの執筆を進める道のりは決して順調ではありませんでした。出版の構想は2年前から始まっていましたが、仕事・育児・家事に追われ、なかなか前に進めることができませんでした。

　私たちの状況はさまざまでした。家族や自分の体調不良だったり、仕事とのバランスで家族との時間がとれず苦しい思いをしたり、いつも時間に追われまさに時間の沼に落ちてしまうメンバーもいれば、親が亡くなり手続きや心の喪失感からしばらく関われなかったメンバーもいました。

　私たちの悩み、リープの「たね」はそれぞれちがうことでしたが、出版の活動に触れるたびに、自分自身が混沌の中にいるんだと客観的にとらえることができ、マタニティリープのスタンスに立ち戻ることができました。

　このことで、数年課題だと思っていた自分の健康やセルフケアに取り組むことを始めて習慣化したり、夫婦のつながりを見なおして新たなライフスタイルを創り出したり、それぞれがこの時期にリープをしていきました。

本を出したいという夢の実現ができたのは、つながりの存在があったからです。仕事も違えば住む場所もちがう、性格も多様で、執筆活動に向かうスタンスも進め方もそれぞれでした。だからこそ、何度も話し合いを重ね、お互いのスタンスや思いを尊重し、時にはすれ違ったり、涙もしながら、でもサポートし合う気持ちを常に忘れず、最後までやりきることができました。

　誰かとつながりを感じながら話をしたくなったらぜひ私たちに会いにきてください！　対話会やワークショップでお会いできるのを楽しみにしています。これからの旅路を、あなたにしかできない歩き方で、歩まれることを願っています。

　最後に、出版に関して素人の私たちに辛抱強く伴走してくださった編集の西山雅子さん、思いを昇華させてくださったアートディレクターの堀出準さん、そして、クラウドファンディングで応援してくださった方々を始め、たくさんの方にさまざまなご支援をいただきました。みなさん一人ひとりの存在があって、はじめてこの本を世に出すことができました。一緒に完成を祝福できることを嬉しく思います。ありがとうございました。

　　　　　　　　　　　　　　　　　　　　2024年　秋
　　　　　　　　　　　　　　　　　　　　なべゆき、みわにゃん、ちなつ、ひぐまり

新たな選択と可能性の合言葉 「マタニティリープ」

マタニティリープは、日々の小さな一歩から始まります。
つながりを広げ、主体的に取り組むための方法を見ていきましょう。

実践する Action

■インタビューを受ける：
あなたのリープ体験を語りましょう。改めて話してみること、
文字になったストーリーを読むことで新たな発見が。
■コーチングを受ける：
コーチとの対話でパーソナルな成長が加速されます。

共有する Share

■読書会を開く：
この本を手に取って、友人やママ友とお互いの経験を話すきっかけに。
■マタニティリープで投稿：
自分の本音や夢を SNS で共有し、仲間とつながりましょう。

サポートする Support

■ワークショップを開く：
職場やコミュニティ内で、産休や育休を取得している人を支援する。
■プロジェクトに参加する：
マタニティリープ主催のイベントに参加し、一緒に活動しましょう。

あなたらしいアイデアでクリエイティブにいろいろ試してみてくださいね！

私たちのおすすめ

本書の執筆にあたり、参考にした資料です。
興味をもたれた方は、ぜひ参照してみてくださいね。

TED トーク

「The power of vulnerability（傷つく心の力）」
話者：Brené Brown （ブレネー・ブラウン）

書籍

『本当の勇気は「弱さ」を認めること』
ブレネー・ブラウン／著　門脇陽子／訳（サンマーク出版）
本音を語ることの意味を知ったり、実践したりしたい方に。

『セルフ・コンパッション ［新訳版］』
クリスティン・ネフ／著　石村郁夫 樫村正美 岸本早苗
浅田仁子／訳（金剛出版）
自分を責めがちでもっと自分に優しくしたいと思っている方に。

『スタンフォード大学の超人気講座　実力を100％発揮する方法』
シャザド・チャミン／著　田辺希久子／訳（ダイヤモンド社）
脳科学に基づき、自己実現を妨害する「足カセ」とその対処法を解説し、
ポジティブ心理学の応用による夢の実現方法を紹介します。

『グッド・ライフ　幸せになるのに、遅すぎることはない』
ロバート・ウォールディンガー、マーク・シュルツ／著　児島修／訳（辰巳出版）
ハーバード大学の85年に及ぶ幸福についての研究から「人間関係」＝つながりが
そのキーであることをインタビューも交えて伝えています。ワークもありますよ。

『コーチング・バイブル（第4版）：
人の潜在力を引き出す協働的コミュニケーション 』
ヘンリー・キムジーハウス、キャレン・キムジーハウス、フィル・サンダール、
ローラ・ウィットワース／著　CTI ジャパン／訳（東洋経済新報社）
なべゆきも翻訳に参加。私たちが学び実践する Co-Active コーチング®を学べる本。
リープデザイン Map の原型「人生の輪」などコーチングのツールも満載です。

マタニティリープ合同会社について

マタニティリープは、2020年8月にスタートしたプロジェクトで、妊娠、出産、子育ての過程を通じて女性たちが自己発見と成長を遂げることを支援しています。「マタニティ（母性）」と「リープ（飛躍）」を組み合わせた造語で、この時期を成長や飛躍の機会ととらえ発信しています。2022年に合同会社化し、ワークショップ、パーソナルコーチングやメンタリング、インタビューや記事の発信等を通じて、母親たちが自信をもち、充実した人生を送るためのサポートを提供しています。詳細は公式ウェブサイトをご覧ください。

https://www.maternityleap.com

マタニティリープについての質問や活動についての詳細は、以下までお気軽にお問い合わせください。
活動への参加やコラボも大歓迎です。

Email: contact@maternityleap.com
最新情報はHPやSNSでチェック！

「わたし」を生きる旅の歩き方
ママのためのリープデザインブック

2024年12月26日第1刷発行
著　者　マタニティリープ合同会社
発行者　落合加依子
発行所　小鳥編集室
　　　　〒186-0003 東京都国立市富士見台1丁目8－15
　　　　電話 070-9177-8878（代表）
アートディレクション・デザイン・イラスト　堀出 隼（株式会社holiday）
DTP　ニシ工芸株式会社
編集　西山雅子（月とコンパス）
印刷・製本　シナノ書籍印刷株式会社

落丁・乱丁本は送料小社負担にてお取り替えいたします。
ただし、古書店で購入されたものについては、お取り替えできません。
本書の無断複写（コピー）および磁気などの記録媒体への入力などは、
著作権法上の例外を除き、禁じられています。

Printed in Japan
ISBN 978-4-908582-16-5